TOPOS Y CUBA, LA ISLA DE CORCHO:
DIÁLOGOS ENTRE CUBANOS

COLECCIÓN FÉLIX VARELA # 48

EDICIONES UNIVERSAL, Miami, Florida, 2016

Guarioné M. Díaz

TOPOS Y CUBA, LA ISLA DE CORCHO:
DIÁLOGOS ENTRE CUBANOS

Copyright © 2016 by Guarioné M. Díaz
Copyright Claim No. 1-230003627. April 13, 2015

Primera edición, 2016

EDICIONES UNIVERSAL
P.O. Box 450353 (Shenandoah Station)
Miami, FL 33245-0353. USA
e-mail: ediciones@ediciones.com
http://www.ediciones.com
Fundada en 1965

Library of Congress Catalog Card No.: 2016935023
ISBN-10: 1-59388-278-5
ISBN-13: 978-1-59388-278-5

Dibujo y diseño de la cubierta: Siro del Castillo
Formato cubiertas para impresión: Luis García Fresquet

Todos los derechos
son reservados. Ninguna parte de
este libro puede ser reproducida o transmitida
en ninguna forma o por ningún medio electrónico o mecánico,
incluyendo fotocopiadoras, grabadoras o sistemas computarizados,
sin el permiso por escrito del autor, excepto en el caso de
breves citas incorporadas en artículos críticos o en
revistas. Para obtener información diríjase a
Ediciones Universal.

A todas las víctimas de la violencia política en la isla de Cuba.

ÍNDICE

Prólogo 9

Capítulo I - Topos y el Triángulo de las Bermudas ... 17

Capítulo II - Violencia Perenne 27

Capítulo III - Desunión, Caciques, e Intransigencia . 111

Capítulo IV - Corrupción Acorde a los Tiempos 133

Capítulo V - Los Carnavales de Oriente 159

Capítulo VI - Economía, Cultura y Sociedad 175

Capítulo VII - Reflexiones Sobre la Isla de Corcho . 215

Bibliografía 227

PRÓLOGO

Topos y la Isla de Corcho es una novela histórica de personajes ficticios que recuerdan hechos, lugares y personas reales desde un islote imaginario. Aunque imaginarios, las vidas y experiencias de ambos se basan en hechos reales y pudieran ser similares a las de muchos cubanos antes y después de la revolución del 1959. Nuestros personajes están unidos por las Bellas Artes y las Humanidades lo que se refleja tanto en sus nombres traídos del Olimpo y el santoral, como en la profesión de Juan Salinas, o el amor que comparten Polo y Cecilia por la música y la historia. Cecilia y Polo conversan sobre lugares de Cuba y acontecimientos reales que han ocurrido en la isla. Probablemente sus relatos del carnaval de Santiago le traigan recuerdos a los cubanos más viejos; y los centros donde estudió Cecilia a otros más jóvenes que nacieron con el arribo de la revolución. Escribí Topos y la isla de Corcho pensando en los cubanos menores de 60 años que residen en Cuba y que carecen de acceso a periódicos, libros u otras informaciones de la Cuba pre-castrista, a no ser las aprobadas por los censores gubernamentales.

También espero despertar el interés de cubanos de varias generaciones que residen en distintos países y siguen de cerca los temas cubanos, así como el de lectores hispanoparlantes en general.

Los hechos de violencia, corrupción y desunión política citados provienen de denuncias ante organismos internacionales, entrevistas con expresos políticos, desertores, y disidentes cubanos, libros escritos por protagonistas de hechos históricos, y por historiadores, investigadores, y académicos reconocidos. También he consultado periódicos y revistas de

Cuba y de los E.U.A. así como datos fidedignos que aparecen en la red electrónica.

Debo añadir que nací y viví en Cuba hasta que salí de la isla en agosto de 1961 a los 20 años de edad. Estudié la primaria y secundaria en el colegio La Luz y cursé los tres primeros años de la carrera de Odontología en la Universidad de La Habana. Desde niño viajé por casi toda la isla y viví en lo que es hoy Centro Habana.

Creo que al igual que el autor, la mayoría de los lectores calificarían a la violencia, la corrupción, y la desunión política extrema como tres fenómenos sociales de impacto negativo en cualquier país que acurran. Ojalá que los hechos narrados aquí no continúen ocurriendo ininterrumpidamente como ha sucedido en Cuba desde la colonia hasta el presente.

Esto último es precisamente la conclusión a la que ha llegado el autor, a saber que estos tres males no pertenecen a un solo periodo histórico, sino que son parte de la cultura política cubana que ha venido desarrollándose en Cuba, al menos desde el siglo XVII.

Este libro no intenta explorar la violencia, la desunión, y la corrupción en el marco de importantes procesos históricos como la discriminación racial, las relaciones entre Cuba y los E.U.A., la Enmienda Platt, la guerra fría, o el embargo de los E.U.A. al que el gobierno cubano llama bloqueo. Sé de antemano que muchos lectores vincularán estos y otros factores con nuestro tríptico de una forma más integral. Y no les faltará razón. ¿Pero entonces, por qué no hacerlo en esta novela histórica de ficción? La razón es que el tratar nuestro tríptico al margen de otros hechos de origen nacional, o foráneo, nos permite enfocar la crudeza y persistencia de éstos sin distracciones o paliativos de otra índole. También, el género literario escogido facilita la atención del lector y quizás lo motive a ir más allá del recuento de agresiones a la ciudadanía, o de transgresiones a las leyes establecidas desde Guáimaro hasta la constitución de 1976. Creo que separar los temas centrales por capitulo también ayudará a reconocer la ubicuidad de cada uno, independientemente de otros factores. El capítulo titulado Economía, Cultura, y Sociedad se incorporó para brindar una perspectiva institucional y socio política de las distintas épocas de la historia de Cuba en que se desarrollaron los temas centrales de esta novela.

Durante la preparación de este libro hallé numerosas citas, documentos y anécdotas de líderes políticos y revolucionarios cubanos, desde mambises y patriotas durante las guerras de Independencia hasta Fidel y Raúl Castro mismos. Los conceptos expresados allí me llevaron a incluir aspectos del carácter del cubano y su cultura política que encontré relevantes y complementarios a nuestros temas principales.

Además de excluir del análisis importantes factores históricos como la ocupación norteamericana de 1898, evité con todo propósito el comparar la violencia o la corrupción en Cuba con las existentes en otros países, lejanos o cercanos a la isla. Aquellos que siguen el acontecer mundial o latinoamericano se enteran a diario de casos de violencia y corrupción fuera de Cuba.

El comparar el caso cubano con otros no sólo excedería el ámbito de esta obra sino que desviaría la atención de muchos lectores de la intención principal de la misma. O sea, algunos nos miraríamos al espejo de reojo sin enfrentar nuestras realidades en toda su dimensión nacional. O quizás, el lector caería en la tentación de justificar hechos y conductas alegando, al decir popular, que el mal entre muchos toca a menos; o como rezaba el estribillo de una canción jocosa compuesta por un amigo exilado en los rigores del invierno neoyorkino, «si aquí estoy mal, allí estaría peor».

Si algo pretende este libro al hilvanar al pasado y el presente político de Cuba es que sus futuros líderes políticos se planteen cómo superar estos tres males, empezando por la violencia de estado. Y que al hacerlo, se desprendan de cualquier atavismo que acepte la violencia política como algo normal, llevadero e inevitable en la isla de Cuba.

Al enfocar la violencia me refiero únicamente a la violencia política. Es decir, la violencia de estado o la violencia de grupos y organizaciones que intentan derrocar o debilitar violentamente al gobierno de turno, o liderear el pandillerismo político, y no a la violencia doméstica, o la que emana de conductas personales, o a la asociada con delitos comunes. De nuevo, el estudio de estos últimos va más allá del propósito de esta obra. Tampoco, exceptuando las guerras de independencia, he comentado sobre lo justo o injusto, la razón o sinrazón, o los fundamentos de procesos específicos que condujeron a la violencia política. Y no es porque yo carezca de criterios al respecto. Pero es que al penetrar en el terreno de la violencia política pro o anti gubernamental es inevitable que surjan diferencias según las valoraciones, conocimientos, y percepciones de cada cual. Por eso he tratado de evitar en todo lo posible que los diálogos expongan ideas que no estén basadas en hechos y aseveraciones publicadas, o constatados por un gran número de testigos cubanos y por autores de ayer y de hoy.

Algo parecido sucede con la corrupción, la que he resumido citando algunos casos notorios de corrupción política por parte de gobernantes, o sus principales allegados. Finalmente, aquí no se tratan las diferencias políticas saludables que existen en sociedades democráticas pluralistas, sino o más bien la desunión extrema y la intransigencia entre factores políticos que impiden las concertaciones en pro del bien común, y se convierten en antesala de la violencia política.

Antes de terminar este prólogo quiero agradecer a Jorge Sanguinetty nuestros numerosos conversatorios sobre Cuba, a veces acompañados por invitados como Marzo Fernández, Brian Latell, y otros académicos o exfuncionarios del gobierno revolucionario cubano. Igualmente por sus comentarios puntuales y sus sugerencias sobre el enfoque de ciertos temas.

Gracias a Roberto Torricella por enviarme documentos importantes sobre el primer mandato del presidente Batista y la revolución de 1933, a Wilfredo Allen por sus comentarios sobre la inmigración cubana a los E.U.A. y a Juana Isa por revisar el manuscrito.

Juan Juan Almeida y Luis Felipe Rojas fueron muy amables en compartir informaciones sobre el acontecer cubano en años recientes, y Ricardo Bofill en relatar los origines de la disidencia pacifica en la década de 1970.

Agradezco profundamente el tiempo que me dedicaron los opositores cubanos, el expreso-político Héctor Palacios, miembro del Grupo de los 75 y su esposa Gisela Delgado co-fundadora de las Damas de Blanco. Recordar serenamente su experiencia carcelaria y la violencia física en su contra, así como el impacto de éstas en la familia requiere una gran convicción y entereza de carácter. Mi agradecimiento por igual a Rino Puig condenado a 15 años y tapiado a principios de la revolución. Rino y su esposa Ileana me describieron numerosos incidentes de abusos y torturas.

La invitación de Marcelino Miyares me permitió participar en una videoconferencia desde Ciudad de México con los disidentes Coco Fariñas, Manuel Cuesta Morúa, René Gómez Manzano y otros opositores en Cuba y otros países de Europa y América Latina. La doctora Lilia Rodríguez Ables compartió conmigo detalles importantes de la limpieza del Escambray y la historia de los pueblos cautivos. Gracias a mi entrevista con Maria Isabel Corrales y el Dr. Enrique Diaz describí vivencias de nuestros personajes Cecilia y su madre Dolores, y pude reflejar acontecimientos históricos, espacios y escuelas en Santa Clara en los años del mil novecientos cincuenta, y durante la revolución.

    Mucho agradezco a la Dra. Maria Antonia Lázaro el describirme con lujo de detalles la vida de una graduada de médico, especializada en neonatología, en la universidad y hospitales de Santiago de Cuba durante la década de 1970. Sus datos me permitieron crear la experiencia profesional de Cecilia, coprotagonista de esta novela; también, al Dr. Luis Lemes por compartir muchos datos sobre los avances de la medicina en la Cuba precastrista.

    Gracias al expreso político Miguel Mesa tuve la gran suerte de conocer a Carmelina Casero, hija del último alcalde de Santiago de Cuba electo democráticamente antes de la revolución de 1959. La Sra. Casero no sólo me concedió una larga entrevista sino que me entregó dos excelentes libros con innumerables datos y anécdotas sobre Santiago y sus carnavales, sus lugares históricos y su cultura oriental pre-revolucionaria. Gracias a ella y al Municipio de Santiago de Cuba en el Exilio pude escribir un capítulo importante para la trama de esta novela.

    Mi agradecimiento a Marcos Antonio Ramos por sus acertados consejos sobre los hechos históricos mencionados en este libro y por animarme a publicar el manuscrito. Sus valoraciones, viniendo de tan distinguido historiador, me estimularon a vivir esta aventura literaria. También a Carlos Alberto Montaner por subrayar la importancia del libro, a Juan M. Salvat por su crítica detallada del borrador y el apoyo a su publicación y a Siro del Castillo por diseñar una portada rica en arte e imaginación.

    De nuevo, mi asistente Cristina Santana cumplió la heroica tarea de descifrar mi letra y transcribir varios borradores de esta novela.

El autor es el único responsable de todos los comentarios, aseveraciones, citas, o errores que aparezcan en este libro.

Capítulo I

TOPOS Y EL TRIÁNGULO DE LAS BERMUDAS

De pronto la avioneta, con el piloto y sus dos pasajeros a bordo, comenzó a bailar al ritmo de la tormenta. Las nubes se pintaron de un gris oscuro al tiempo que el sol se perdía en el horizonte. La fuerte lluvia y las continuas descargas eléctricas apenas penetraban la creciente oscuridad de la noche.

La nave bimotor se hallaba todavía a medio vuelo de su destino, Nassau, donde sus tripulantes planeaban disfrutar de unas breves vacaciones mientras realizaban intercambios culturales entre los gobiernos de Cuba y las autoridades bahamenses. Ello nunca llegaría a suceder. Al menos no con estos viajeros que en cuestión de minutos se encontraban asiéndose a lo que pudieran mientras el avión se iba en picada y apenas lograba acuatizar.

Milagrosamente, Apolonio Salinas, como buen nadador que era, logró escapar por la portezuela del avión y mantenerse a flote antes de que la nave se hundiera en las profundidades del océano. Después de respirar profundamente y haber tragado un poco de agua Apolonio miró a sus alrededores e intentó gritar a sus compañeros de viaje. Fue en vano, pues el viento apagaba su voz mientras que la oscuridad le impedía hurgar más allá de algunos metros de distancia. Pronto, aquella tormenta tropical tan típica del triángulo de las Bermudas desapareció, como ocurre a menudo con las cerrazones típicas de las bahías de Cuba.

Apolonio flotó como pudo, mientras se preguntaba si saldría con vida de aquel desastre inesperado. Y así fue, ya que todo no tuvo un desenlace fatal. Las primeras luces del crepúsculo lo hallaron sobre una fracción del fuselaje de la nave convertida de pronto en una verdadera tabla de salvación, justo a tiempo cuando las olas lo acercaban a los arrecifes que se erguían a pocos metros de distancia.

Consciente del peligro, Apolonio nadó hasta avistar un espacio de unos tres metros de ancho que parecía la entrada de un pequeño canal. Sin más opciones en aquel momento Apolonio penetró en el canal y se dejó llevar por la corriente hasta llegar a una franja arenosa que parecía ser la orilla de una playa.

Lo era, y al pisar tierra firme dio gracias a Dios. Extrañado por no sentir cansancio comenzó a recorrer lo que parecía un pequeño islote. Apolonio calculó que tras unas dos horas de vuelo, el lugar debía encontrarse en el epicentro del Triángulo del Diablo, al norte del trópico de Cáncer, y algo alejado de las rutas de navegación del Océano Atlántico. Tras deambular brevemente, Apolonio descubrió que el islote era árido y estrecho, y que estaba totalmente rodeado de manglares, uvas caletas y arrecifes coralinos imbricados como anillos de esmeraldas, a excepción del canal de entrada de unos tres metros de ancho.

Apolonio no tardó en notar que el entorno y el clima del islote eran inusitadamente estáticos y que algún tiempo después de su llegada continuaba sin padecer de hambre, ni tener sed, ni sentir cansancio, ni sueño. Apolonio estaba consciente de todo ello aunque asombrosamente no sentía miedo, o cualquier otra emoción propia del caso.

De conocer su entorno, Apolonio sabría que era parte de un fenómeno sui géneris de la ciencia moderna, porque a pesar de que el islote emergió de la plataforma marina en el periodo del Pleistoceno y se desarrolló como un islote típico de la zona, un día, apenas comenzado el siglo anterior, aconteció lo inédito. Ocurrió algo desconocido, aún para aquellos físicos versados en la supersimetría, o en las partículas fundamentales que componen los neutrones y protones, o en la gran explosión, y los hoyos negros, temas que apasionan hasta a los neófitos interesados en los secretos y orígenes del universo.

Ese día, una gran explosión extra-galáctica, - o quizás en nuestra propia Vía Láctea,- produjo un bombardeo de neutrinos que cayeron exactamente sobre el islote. De pronto, y en cuestión de nonasegundos, el islote fue impactado por rayos cósmicos de muy alta energía que lo convirtieron en un nuevo fenómeno de la naturaleza.

Aquellos millones de partículas invisibles comenzaron a chocar entre sí creando un halo azuloso y brillante que cubría el perímetro del islote y lo iluminaba día y noche. Además, ellas impedían que el islote se viera desde el exterior más allá del anillo de arrecifes coralinos que lo circundaban. Estos últimos, a su vez eran el límite visual de sus habitantes.

Los rayos cósmicos en cuestión desolaron la superficie del islote, excepto la base del tronco de algunos árboles arrancados por el viento y algunos arbustos de uva caleta típicos de playas y zonas costeras.

El choque de neutrinos tuvo efectos adicionales, a saber la creación de una atmósfera enrarecida que afectaba el cerebro de cuanto ser humano habitara la isla. Inevitablemente estos últimos, disfrutarían de una lógica excepcional, aunque perderían la capacidad de experimentar emociones o sufrimientos, conductas impulsivas o veleidosas, apetito sexual, o instintos agresivos.

Además, la atmósfera del islote impedía el proceso natural de envejecimiento o mutación alguna del hábitat. Su realidad ambiental invitaba a visitar el pasado, ya que los habitantes del islote adquirían la facultad de una memoria perfecta incluyendo a aquellos recuerdos y experiencias aparentemente olvidados o ignorados en el pasado.

Una vez familiarizado con su entorno y sin otra necesidad o tarea a realizar, Apolonio comenzó a recordar la caída de su avioneta y el motivo de su viaje a Las Bahamas, a la luz de las relaciones entre Cuba y esta última.

A través de su misión diplomática en Cuba el gobierno bahamense, miembro del Commonwealth Británico promovía su cultura en festivales de cine, bazares, puestos de comida y artefactos de las islas, el baile del limbo, su música típica y el desfile del Junknanoo, tan singularmente bahamense.

También las Bahamas jugaban un papel significativo como centro de intercambio de mercancías, discretas reuniones diplomáticas y de inteligencia, el procesamiento de balseros cubanos, y el trasiego secreto de divisas. Apolonio debía celebrar reuniones de trabajo con funcionarios bahamenses sobre la promoción de eventos culturales cubanos en la isla, y la expansión de las relaciones culturales entre ambos gobiernos. De otros temas se ocuparía el funcionario del Partido Comunista Cubano (PCC) que lo acompañaba en su misión.

Pronto, los recuerdos llevaron a Apolonio a pensar en su propia isla, tan distinta de su nuevo hábitat, estéril, desolado, silencioso y ajeno como una rauda. Las imágenes del paisaje cubano comenzaron a galopar por su mente al recordar los güines de las cañas bailando al compás de la brisa, o los olores inconfundibles de la tierra fértil bañada por el rocío del amanecer. ¡Cuán diferente era su tierra de platanales y cafetales, de lomas de suaves laderas, y cañaverales que definían el paisaje junto a las eternas palmas, altivas y seguras de su abolengo criollo!

Apolonio recordaba el aleteo de los tomeguines volando bajo, a las cotorras asiduas a los naranjales silvestres, a los colores del tocororo y las acrobacias del inmóvil colibrí. También a su Habana donde la rica herencia cultural criolla de una sociedad ágil e imperfecta, elegante en la moda y opulenta en su arquitectura colonial era remplazada por una cultura popular desvalorizada, pendiente de lo extranjero, apegada a lo vulgar y ordenada por un lenguaje oficial rebuscado y eufemístico.

Apolonio recordaba con exactitud su fecha de llegada al islote. Al regresar de sus primeros periplos, aún vestido con la camisa y el pantalón con que abordó el vuelo de marras —arrugados pero intactos—, Apolonio se acostumbró a sentarse en la misma base del tronco de un árbol desde el cual contemplaba las olas que acariciaban la pequeña playa que lo acogió.

Un día, inesperadamente, la mirada de Apolonio se fijó en aquel cuerpo que yacía sobre la arena. Al acercarse, notó que éste respiraba normalmente y no presentaba señales de trauma o heridas de ningún tipo, por lo que concluyó que aquella persona, al igual que él, habría de ser un buen nadador para llegar a la pequeña brecha en los arrecifes que rodeaban el islote.

Al tratar de voltear al visitante, Apolonio notó que su pitusa de mezclilla moldeaba el cuerpo de una mujer en sus cincuenta, de cutis fino y pelo castaño que descendía hasta cubrir sus senos bien marcados a través de su blusa de algodón.

Aquella mujer que carenó en una playa desconocida se vió de pronto frente a un hombre que aparentaba ser unos quince o veinte años mayor que ella. Tan pronto Apolonio le preguntó por su salud, ésta reconoció enseguida un dejo cubano familiar que le trajo algo de calma mientras respondía.

Mujer —Me siento bien. Creo que no me duele nada. Tragué un poco de agua pero pude alejarme de la nave antes de que se hundiera.

Apolonio —¿Supongo que la embarcación tuvo un desperfecto, verdad?

Mujer —No, no era un barco, era una nave bimotor con destino a San Juan, que voló sin novedad hasta que nos agarró un aguacero con tremendo viento que meneaba la avioneta como si fuera de papel. En cuestión de minutos, el viento nos fue llevando mar afuera hasta que una ráfaga nos hizo acuatizar. Yo me lancé al mar y perdí de vista a mi colega y al piloto. Las olas me llevaron hacia unas rocas y al llegar a la playa me tendí sobre la arena, así como usted me encontró. Imagínese, salir invitada a participar en una conferencia sobre medicina tropical en un país tan acogedor como Puerto Rico... Y terminar aquí, ni se sabe dónde. ¿Y usted como llegó a este lugar?

Apolonio —Igual que usted. El clima de este islote es muy estable a pesar de las tormentas que nos trajeron aquí. Me llamo Apolonio Salinas, ¿y usted?

Mujer —Cecilia de la Cava

Apolonio —Interesante su nombre

Cecilia —¿Por qué?

Apolonio —Bueno, nuestros nombres y apellidos están relacionados con la música, de una forma u otra.

Cecilia —¿Cómo?

Apolonio —Fíjese. Cecilia es la patrona de la música y Santa Cecilia fue el nombre de la segunda academia musical de Cuba en 1816. Apolonio viene de Apolo que era el Dios griego de la música y la poesía; y Salinas, el músico medieval a cuya lira Fray Luis de León le atribuía poderes sobrenaturales propios del «Aedos» griego.

Cecilia —Ni me lo imaginaba. Y eso que yo estudié piano y desde niña disfruté la música, tanto clásica como popular. Mi madre siempre quiso que aprendiera música. Después escogí la carrera de ciencias médicas, que también es mi pasión, quizás al ver a mami ejercer la enfermería. La música me gustaba, pero no como una profesión.

Apolonio —Cecilia, si no le importa, vamos a tutearnos. Te lo digo porque además de que somos cubanos yo conozco el islote, y aquí no vive más nadie.

Cecilia —Si, si, como no, ¿pero cómo voy a tutearte con ese nombre tan extraño de Apolonio?

Apolonio —No te creas, déjame contarte que aunque el nombre es raro han existido muchos Apolonios famosos tales como Apolonio de Tiana, el orinomántico. También Apolonio de Jesús, y más recientemente, el ilustre médico, editor del Varsitarian de la universidad Santo Tomás en las Filipinas, y héroe de la segunda guerra mundial. Pero llámame Polo, como solían hacer aquellos amigos que me honraban con ese apodo en vez de burlarse de mí.

Cecilia —Si, creo que Polo va a ser más fácil. Pero, ¿cómo sabes tanto de música y sobretodo cómo te acuerdas de tantas cosas?

Polo —En realidad no sé la causa. Pero puedo recordar todo mi pasado con lujo de detalles. Mi padre, Juan Salinas, quien era oriundo de Valencia, llegó a Cuba en 1899, el mismo año en que la ópera «Patria» de Hubert de Blanck se estrenara en el teatro Tacón. Como fue un alumno distinguido en el Conservatorio de Madrid, no tardó en conseguir un puesto de violinista en la Banda de Artillería. De allí pasó a la Primera Banda Militar de la Cuba republicana, y posteriormente tocó en la Orquesta Filarmónica de La Habana. Ya en el ocaso de su carrera artística, impartió clases particulares y hasta llegó a ser miembro de la orquesta de Gonzalo Roig con quien grabó Cecilia Valdés con la estelar Marta Pérez en 1948. Mi padre amaba la música y me transmitió el amor a ella desde que era niño. Juntos escuchábamos las grabaciones de música clásica, asistíamos a la puesta en escena de las óperas más populares y disfrutábamos los conciertos dominicales del Auditórium habanero. Mis clases de música también me ayudaron a apreciar el género, aunque no dominé ningún instrumento. Al fin, me incliné por las letras como vocación y meta profesional. Me gradué en la facultad de Filosofía y Letras de la Universidad de La Habana, ejercí la carrera de periodismo, y desde joven fui un amante y estudioso de la historia. Pero antes de seguir cuéntame algo de ti.

Cecilia —En realidad, no tengo mucho que contar. Nací en Santiago de Cuba, pero al año nos mudamos a Santa Clara donde ha vivido toda mi familia por generaciones. Como te mencioné, mi madre, Maria Dolores, era enfermera. Ella murió hace tiempo, cuando yo tenía 27 años y ya me había graduado de médico. Tengo dos tías por parte de madre, América que se mudó a Miami en 1969 y Patria, que ha vivido toda la vida en Santiago. Desde que era niña las dos me mimaban, y me hacían muchos cuentos de Cuba y del norte, sobre todo de Miami.

Polo —¿Eres casada? ¿Tienes hijos?

Cecilia —Negativo. Primero dediqué mi vida de adulta a estudiar la carrera de medicina en la Universidad de Santiago, donde terminé en 1974. Después tuve que cuidar a mami quien padecía de cáncer hasta que murió, cinco años después. Fue un golpe muy duro ya que al morir mi padre cuando yo apenas tenía un año, mami lo fue todo en mi vida y gracias a ella y al apoyo de mis tías logré terminar la carrera. Cuando vine a ver, ya no era tan jovencita, y estaba acostumbrada a ser independiente y a completar mi sueldo con algunas consultas privadas, discretas, y siempre con el visto bueno de la presidenta del Comité de mi barrio, quien se hacía de la vista gorda. También pienso que la razón principal fue que ninguno de mis novios me parecía lo suficiente bueno para casarme o tan siquiera como pareja...; y aquí estoy... Creo que hay algo más. Como tu padre a ti, mi madre me enseñó a amar la música, tanto clásica como popular. Aprendí a tocar el piano y tocando he podido mitigar mis momentos de soledad.

Polo —Veo que tus tías vivieron muchos años en dos mundos diferentes, América en el Miami de los exilados y Patria en Santiago, semilla de tantos alzamientos y revoluciones. Sin embargo, tu familia era bien llevada y tu madre te enseño a tolerar y hasta comprender las diferencias entre seres unidos por la sangre y la tierra. Me pregunto qué pasaría si ese sentido de solidaridad y tolerancia existiera hoy entre los cubanos.

Cecilia —Creo que esas son ilusiones vanas como las avellanas, como decía un refrán de mi tía América. Los líderes de la revolución no permiten la disensión, ni siquiera la crítica aguda o personal aunque venga de otros dirigentes.

Polo —Veo que te interesa la historia y la cultura política de Cuba.

Capítulo II

VIOLENCIA PERENNE

Polo —Entonces, ¿qué te parece si conversamos sobre la cultura política de Cuba y sus hechos de violencia.

Cecilia —No sé si la violencia actual es la misma que en la década de 1960 a principios de la revolución. Aquí todos los años el número de disidentes golpeados y arrestados aumenta, y ya van por los 6,000 anuales. Y eso sin contar los actos de repudio, las vejaciones, vandalismo e intimidaciones, los chantajes diarios..., y algún que otro fusilamiento, para dar el ejemplo.

Polo —Tienes razón. Veo que la violencia no ha disminuido. Parece que la violencia está destinada a ser parte de nuestra cultura.

Cecilia —Ahora que entramos en cancha, y tú que has vivido tanto, ¿cómo era antes la violencia política? ¿cuándo empezó?

Polo —¿Estás sentada?

Cecilia —Claro Polo, los dos estamos sentados.

Polo —Bueno, es un decir. Empecemos por los siglos XVI y XVII, apenas unos años después del descubrimiento, cuando ya los aborígenes cubanos casi habían desaparecido debido a enfermedades traídas por los Europeos, al rigor del trabajo forzado, o a la violencia física a que eran sometidos. En estos dos primeros siglos hubo frecuentes ataques de corsarios y piratas al puñado de villas establecidas por España en zonas costeras de la isla. Estos ataques ocurrían a veces cada uno o dos años y a veces durante periodos más largos. A mediados del siglo XVI la población de toda la isla era de menos de 7,000 habitantes. A comienzos del XVII, Cuba tenía unos 20,000 habitantes, la mitad de ellos en La Habana y sus alrededores. Después aumentó a unos 30,000 entre blancos y negros a finales de ese siglo. Entonces, la población de los otros 8 ó 9 poblados, aparte de La Habana, era de unos pocos miles de personas en cada ciudad. Imagínate, Cecilia, el terror en estas ciudades cuando Jacques de Sores, por ejemplo, toma La Habana en 1555; o cuando Santiago es saqueada dos veces por los piratas franceses a finales del XVI, de nuevo a principio del XVII, y años más tarde ocupada por los ingleses. Villacara también fue saqueada en el mismo periodo por El «Olones, al igual que Puerto Príncipe por Morgan, y Trinidad por John Springer. También Remedios, Yara, y Baracoa fueron atacadas por corsarios y piratas.

En fín, al poco tiempo de pobladas, las primeras ciudades cubanas estaban acostumbradas a la violencia como un hecho frecuente.

En el siglo XVIII muchos nacidos en Cuba comenzaron a sentirse criollos, y no como peninsulares nacidos en territorios de ultramar. Con ellos la violencia política criolla no tardó en aparecer. En 1717, 1721, y 1723 los vegueros cubanos se rebelaron, y en el año de 1795 Nicolás Morales llevó la violencia a Bayamo en defensa de los pobres.

En 1741, una flota Inglesa de decenas de buques de guerra bajo el Almirante E. Vernon invadió la bahía de Guantánamo, entonces conocida como Cumberland Bay. Unos

4,000 soldados ingleses y jamaiquinos desembarcaron en varias playas bajo el mando del Mayor General Thomas Wentworth. Antes de dirigirse a su objetivo, la ciudad de Santiago de Cuba, las tropas inglesas acamparon en Guantánamo. Durante cuatro meses de espera los soldados ingleses sufrieron el ataque de guerrillas españolas, y de enfermedades que les causaron más de 2,000 bajas y les llevaron a abandonar la isla sin poder realizar su misión.

En los albores del XIX aparecen conspiraciones como la de Román de la Luz y Joaquín Infante, seguidas por la conspiración de Aponte en 1811-12, y la Conspiración del Club de La Habana en 1827. El resto del siglo XIX es de violencia ininterrumpida, con nuevos ataques de corsarios y piratas, y el bandolerismo en el campo y algunas poblaciones. No todos los corsarios y piratas eran extranjeros, ya que desde 1831 el pirata cubano Bernardo de Soto operaba en las costas orientales de Cuba secuestrando y torturando a los pobladores al igual que otros piratas cubanos que siguieron sus pasos.

Quizás recuerdes una de las conspiraciones más citadas en nuestros libros de historia, la de los Rayos y Soles encabezada por José Francisco Lemus. O la de Frasquito Agüero y Manuel Sánchez, ahorcados en Puerto Príncipe, o la del Águila Negra. En 1833 envían a José Antonio Saco al exilio por criticar la esclavitud, y pocos años después hay una rebelión de esclavos en Matanzas, una revuelta de esclavos en la plantación Alcancía en Cárdenas, y en el molino Triunvirato; en fin, hay rebeliones de esclavos en 1837, 1840, 1841, y 1842.

Otra conspiración tramada en 1834 fue la de la Escalera, donde hubo 4,000 arrestos, 78 fusilados y 300 muertos por azote.

En 1849 la expedición del conspirador Narciso Lopez toma la ciudad de Cárdenas. También en ese año se conjura la conspiración de la mina de la Rosa Cubana, de carácter anexionista, y arrestan a Cirilo Villaverde, el cual se exila por 9 años y sigue conspirando durante un largo destierro de 33 años. La crueldad inherente a la esclavitud, unida a las injusticias españolas crea un clima de violencia del que son víctimas los patriotas cubanos Varela y Heredia.

En 1850 intentan asesinar a Antonio Maria Claret. En 1851, en su expedición a Cuba, Narciso López es capturado tras la traición de su compañero, J.A. Castañeda, y es ejecutado públicamente en el garrote vil.

No sé si sabes que algunos aristócratas cubanos también conspiraron en oposición a muchas prácticas de la metrópoli en Cuba. Uno de ellos fue Francisco Frías, hijo del conde de Pozos Dulces, quien dirigió la conspiración de Vuelta Abajo.

Cuatro años después llegó a Cuba la expedición de Goicuría y Hernández y se tramó la conspiración de Ramón Pintó en La Habana.

Alrededor de 1860 comenzó a fraguarse el Movimiento Revolucionario de Bayamo que fue seguido por huelgas de esclavos en los ingenios Álava y Unión. Las conspiraciones anti españolas continúan hasta el año de 1968, y penetran en muchos que ya se sentían cubanos y se veían cada vez más distantes de los peninsulares, o de los hijos de españoles que eran fieles a la madre patria.

Así comienza la guerra de los Diez Años, que como ves no fue un salto de muchos años de paz a periodos de violencia armada, sino la continuidad de varios tipos de violencia seguidos por una insurrección militar que duró una década y que continúo años después con otra gran guerra que puso fín al coloniaje de España sobre la isla.

Cecilia —¡Qué interesante Polo! Sígueme contando de las guerras de independencia.

Polo —Creo que desde que eras niña has oído que la independencia no fue completa, pues si bien Cuba se liberó de España, su soberanía estuvo condicionada a la ocupación Yanqui seguida por la Enmienda Platt. Por eso llama la atención que a pesar de la prepotencia de muchos soldados de los E.U.A. que desembarcaron en Cuba en 1898 y el desconocimiento al Ejercito Libertador Cubano por parte de sus oficiales, nada más y nada menos que el propio Máximo Gómez afirmó en los albores de la Republica que, «Al fin hemos llegado».

Pero espera Cecilia; creo que debería abundar en el trasfondo de la guerra del '68, ya que desde las primeras décadas del siglo XIX los líderes políticos, económicos, y culturales cubanos comenzaron a desarrollar el sentido de la nacionalidad. Esta iba más allá de su identidad como criollos, palabra acuñada ya desde el siglo XVII por muchos nacidos en Cuba. La nacionalidad implicó desde el diecinueve una suerte de identidad geopolítica propia; de la patria como algo distinto a una provincia española de Ultramar.

Desde el siglo XVIII el sentir criollo adoptó varias formas tales como el autonomismo dentro del ámbito jurídico español, o como el anexionismo para aquellos que veían el destino de Cuba en la esfera de los Estados Unidos de Norte América. Al principio, la independencia total era un punto de vista minoritario, aunque después de la guerra de los 10 años la independencia surgió como la mejor o la única alternativa, en parte por la negativa de España a dar a Cuba los derechos, libertades, y beneficios económicos reclamados por los cubanos de una u otra línea de pensamiento.

La Guerra de los Diez Años con su carácter independentista se libró, sobre todo, en los campos del oriente y del centro de la isla. Allí los patriotas que la iniciaron, plantadores adinerados, terratenientes, propietarios, intelectuales, y exmilitares se alzaron en la manigua junto a sus esclavos en busca de una nación independiente de la metrópoli.

La insurrección o declaración de guerra comenzó el 10 de octubre de 1868 y estaba pactada en cuatro distritos orientales y en Puerto Príncipe, después nombrado Camagüey en la república. Varios alzamientos se produjeron casi al mismo tiempo y los insurrectos tomaron Bayamo al hilo. La violencia de la guerra incluyó el destierro y la emigración de miles de cubanos, principalmente a los E.U.A. y a México.

Un año después se alzan en armas los rebeldes de Las Villas, y asesinan a Augusto Arango en Puerto Príncipe, mientras que en La Habana saquean el palacio de Aldama, y se declara la ley marcial en la isla. El año es testigo de expropiaciones, saqueos, y fusilamientos a mansalva. La Habana está prácticamente bajo el control de voluntarios españoles, notorios por la violencia de sus actos. Sigo con el 1869, cuando el 4 de abril el general español Blas Villate, Conde de Balmaseda, ordena en Oriente la primera reconcentración de mujeres y niños en ciudades fortificadas, principalmente en Bayamo, a fusilar a los mayores de 15 años en los campos, y a quemar las casas de los que no pudieran justificar sus actividades.

Cecilia —Oye, espera; yo creía que la única reconcentración fue la de Weyler durante la guerra del '95.

Polo —No, también hubo una tercera en Oriente durante Batista a finales de los '50 y la más reciente en la era castrista. Ya verás. En 1869 ocurrió otro conocido incidente en el teatro Villanueva donde se puso en escena la obra «Perro Huevero» cuya recaudación iría al socorro de personas insolventes. En plena función miembros del público comenzaron a gritar «Viva Céspedes», mientras otros replicaban «Viva España». Aquello acabó como «la fiesta del Guatao», aunque no a palos sino a tiros, mientras el teatro era rodeado por guardias y voluntarios. Por cierto, José Martí y su maestro Mendive estaban entre el público y lograron huir ilesos. Más o menos un año después José Martí era encarcelado y deportado a España.

En 1870, Diego y Gaspar Agüero fueron fusilados en el Castillo del Príncipe.

El año de 1871 fue testigo de una de las efemérides más conocidas y respetadas en la historia de la Cuba precastrista, el fusilamiento de 8 estudiantes de medicina acusados de profanar la tumba del periodista español, Gonzalo Castañón, y la clausura de la Universidad de La Habana. En 1872 los españoles ejecutaron a prisioneros mambises y mataron a Carlos Manuel de Céspedes en su retiro de San Lorenzo. También el jefe guerrillero Federico Echevarría decapita a Panchita Venero, examante de Máximo Gómez.

La guerra continúa, y en 1875 Máximo Gómez cruza la Trocha y quema 83 plantaciones en Sancti Spíritus. Casi al final de la guerra larga, las ciudades de La Habana, Pinar del Rio, Matanzas, y Santa Clara se declaran en estado de guerra, aunque la violencia y destrucción en estas, nunca igualó a las de las dos provincias más orientales de Cuba. Diezmado por las enfermedades y deserciones, sin recursos, y dividido en sus mandos y jurisdicciones el ejército libertador aceptó el cese de hostilidades en 1878.

Cecilia —Polo, estoy curiosa por los relatos de la guerra. Se dice poco del papel que jugó la mujer cubana aparte de coser la bandera, apoyar a los hombres, donar dinero y organizar clubes patrióticos. Esto, claro, fue importante, pero ¿es que no hubo más, o ha omitido nuestra historia la violencia que sufrieron las mujeres mambisas?

Polo —Creo que lo segundo es más acertado. Desde la guerra larga, muchas mujeres, incluyendo esposas y familiares de los insurrectos los acompañaban a la guerra, ora en campamentos, en largas jornadas a pie o a caballo e inclusive en medio de combates y escaramuzas. A veces marchaban encintas o cargando un bebito y cuidando a otros niños de la familia. Eran enfermeras y cocineras, espías y hasta compañeras intimas cuando era posible. Y en muchas ocasiones también fueron víctimas directas de la violencia. Te contaré algunos casos para que veas.

En 1868, recién comenzada la insurrección, fusilaron a Catalina Guerra de Betancourt de 70 años de edad. En 1869 encarcelaron en Puerto Príncipe a Francisca Socarrás, a Maria Guerra de Simoni y a otras mujeres. También en 1869 asesinaron a machetazos a 14 mujeres, 11 niños y a la abuela Lorenza Martínez.

Entre las encarceladas estuvieron Caridad Agüero Betancourt, Clotilde Sánchez, Belén Pérez y otras 20 mujeres presas en la Casa de Recogidas en La Habana. «En ese mismo año fueron fusiladas Victoria Valdés en febrero, Gertrudis Nápoles, Rosario Cortázar, y Placida, Rosa, y Dolores Pérez en septiembre. En enero del año siguiente asesinaron a Luisa Fernández Gutiérrez en Sancti Spíritus; en marzo fusilaron a Mercedes Moya en Ceiba y en septiembre a Pastora Lopez Marrero. En Camagüey Cecilia Boza Estrada y Rosa Varona Estrada fueron encarceladas. En noviembre Nieves Cardoso fue condenada a trabajos forzados en una cárcel de La Habana.

El 8 de enero de 1870, en Morón el gobierno español arrestó a dos familias que incluían dos mujeres y 16 niños. En abril arrestaron a una mujer con 10 niños en La Majagua, Las Villas. En mayo detuvieron a 118 mujeres y en julio capturaron a una mujer con 4 hijos de 10, 6, 4, y 2 años. En junio Maria Guerra fue torturada a machetazos y su cadáver arrojado en los zarzales aledaños.

Y te cito otros ejemplos históricos; el de Marina Manresa, quizás la primera mártir de nuestra independencia, el de las capitanas del Ejercito Libertador Carmen Cancio Bello, Rosa Castellanos Castellanos, Ana Cruz Agüero, Rosario Morales, Luz Palomares, y Rosa La Bayamesa, quien fue capitana de Sanidad. Quizás hayas oído hablar de Canducha Figueredo, quien estuvo dos años en la manigua y de Manana Toro quien peleó con los alzados por diez años.

Cecilia —Gracias Polo. Del aporte de esas mujeres casi nunca se habla, y supongo que hubo otras patriotas durante la guerra de 1895 y en los años de la república. Siempre pensé que había un gran vacío entre Mariana Grajales y las revolucionarias de la generación de 1953. Pero, regresa a la Guerra de los Diez años. ¿Terminó la Paz del Zanjón con la violencia hasta que comenzó la guerra de 1895?

Polo —No, claro que no. La violencia política disminuyó en comparación con la de la guerra de 1868, pero nunca desapareció por completo; y eso sin contar la Protesta de Baragüa o el bandolerismo que existió por varios siglos en los campos de Cuba, a veces confundido con la violencia mambisa y a veces al margen de esta última.

Poco después de la capitulación del ejercito mambí en el 1878 y el exilio de Maceo, la violencia política continúo ininterrumpida.

Fíjate en la secuencia de hechos violentos que ocurrieron meses después de terminada la guerra de los 10 años. En 1879, Calixto García desembarca en Cuba, lo capturan y lo deportan a España. Se combate en la llamada Guerra Chiquita. En Holguín se alzan 200 hombres bajo Grave de Peralta, así como Varona, en Tunas. En Santiago pelean grupos armados bajo Moncada y Quintín Banderas. Ya entrado el año, Limbano Sánchez combate en Baracoa y Rabí en Baire y Santa Rita.

La próxima década de 1880 tampoco da un respiro a la violencia política, a veces unida al tema de la esclavitud, y otras veces matizada por banderas mambisas en incendios y sabotajes.

En ese mismo año se produce una sublevación en los ingenios Soledad; San Jacinto y Antonio. Un año después la banda del pardo Filomeno Sarduy roba y quema cañaverales en la zona de Palmera, en Las Villas. En 1882 se producen incendios en las fincas Delicias y Acara en Sagua, La Grande, Las Villas.

En 1884 Carlos Agüero Fundora regresa a Cuba con una expedición y se convierte en bandido. También en ese año hay una sublevación en el ingenio Pepilla. Un año después siguieron actos de violencia política de parte del pardo José Álvarez Artiaga. En 1885 Ramón Leocadio Bonachea fue fusilado en el Morro de Santiago de Cuba y el Coronel Limbano Sánchez muere en un encuentro armado tras desembarcar en Baracoa el 28 de septiembre de ese año.

En los últimos cuatro años de la década de 1880 se declararon huelgas en el central Redención y en el ingenio Santa Rosa, así como en La Habana, San Antonio de los Baños, Managua, Bejucal y Matanzas mientras el bandolerismo se movía hacia el occidente de la isla en el Mariel y Bahía Honda, y en las ciudades de La Habana y Matanzas.

El fin de la Guerra de los Diez años le cedió el paso al bandolerismo concretado en asesinatos, robos, y secuestros por parte de personajes como el Tuerto Matos, Nicasio Mirabal, Manuel García Ponce y otros. El bandolerismo se extendió desde el oriente rural hasta las provincias occidentales en lugares como Mariel y Bahía Honda, y en las ciudades de La Habana y Matanzas.

Durante esos años, y entrados los de 1890 alrededor de 200 jornaleros tuvieron que emigrar a Guatemala, México y otros países mientras comenzaban a fraguarse, bajo el ímpetu de Martí y otros patriotas, los pilares de la guerra de independencia de 1895.

En 1890, Martí funda la Liga de Instrucción en Nueva York. A partir de ese año, Martí uniría sus planes revolucionarios a la trayectoria de los jefes militares de 1868 Antonio Maceo y Máximo Gómez y coordinaría desde el exterior el levantamiento en armas en todas las provincias de Cuba.

Los años previos al Grito de Baire fueron testigos de un gran desorden social y múltiples abusos, torturas y asesinatos por parte de la guardia civil española contra cualquier sospechoso afín a la causa independentista. Entre los alzados en armas en esos años estuvieron los mambises Zayas y Zequeira en las zonas de Lajas, Cruces, y Ranchuelo. En el año de 1893 se alzan los hermanos Sartorius y se queman fincas, ingenios y cañaverales en Colon, Macurijes, La Esperanza y otras zonas del país.

Un año después, mientras Maceo es víctima de un atentado en Costa Rica, se organizan tres expediciones en la Fernandina, un pueblecito playero, en el norte de la Florida, en los E.U.A. Manuel Rodríguez se alza en Morón, y Mirabal en Nuevitas.

La guerra de independencia comienza con el histórico Grito de Baire, o de Oriente, el 24 de febrero de 1895 y España ordena de inmediato la censura y el arresto de jefes rebeldes en occidente. Martí y Máximo Gómez desembarcan junto a otros en una playita Oriental al pie de Cajobabo el 11 de abril de 1895.

Los años de 1895 a 1898 marcan una de las épocas más cruentas en la historia de Cuba. En el 1895 Máximo Gómez comienza a ampliar su estrategia de quemar cañaverales, siembras de tabaco, ingenios y propiedades en toda la isla.

Un año después, Valeriano Weyler lleva a cabo la segunda y más cruenta reconcentración forzosa de nuestra historia en poblaciones donde mueren miles de cubanos hacinados en condiciones insalubres. Mientras tanto los insurrectos libran numerosas batallas campales, combates, escaramuzas, y guerra de guerrillas; destruyen molinos, como el de San Francisco y ejecutan a muchos de sus dueños.

Al completarse la invasión de toda la isla ya han muertos en combate Martí, Maceo y otros líderes militares al tiempo que el ejército libertador, —aunque no derrotado— esta diezmado, y cundido de deserciones. En 1898 fuerzas militares de los E.U.A. desembarcan en Cuba, derrotan a España con la ayuda del ejército mambí, y establecen un gobierno autónomo bajo la tutela norteamericana. Por supuesto, en la guerra del 1895 se libraron numerosas batallas y encuentros. Estoy seguro que has oído nombrar algunos episodios epopéyicos como las batallas de Peralejo, Coliseo, El Cruce de la Trocha de Júcaro a Morón y Mal Tiempo, entre muchas otras libradas por el ejército mambí.

Luego de un periodo de transición política, económica y social en una Cuba devastada por la guerra y las enfermedades, los E.U.A. convocaron a elecciones bajo una constitución promulgada en 1901 en las que resultó electo el primer presidente de la república de Cuba Tomás Estrada Palma, el cual tomo posesión de su cargo el 20 mayo de 1902.

La violencia política no terminó con el nacimiento de la República. Solo se transformó y a menudo fue una réplica de las prácticas coloniales de antaño. Verás a través de nuestra conversación que la historia de Cuba es muy complicada y que la violencia al igual que la desunión han conformado la cultura política cubana, desde la colonia hasta nuestros días.

Pero Cecilia, ¿qué te parece si damos un paseíto y me cuentas más sobre tu vida?

Cecilia —Y tú de la tuya, pues apenas nos conocemos.

Polo —De acuerdo, caminemos un poco y te cuento. Estudié en la Universidad de La Habana en la década del 1920. En aquellos años los estudiantes comenzaban a organizarse a la luz de un nacionalismo incipiente con algunas vertientes anti-americanas o anti españolas mezcladas con ideologías lejanas como el anarquismo y el comunismo, y hasta atraídos por instituciones como la Internacional Socialista de los soviéticos. En aquellos años la violencia del país tenía protagonistas tan diversos como los veteranos de las guerras de independencia, obreros organizados y políticos liberales y conservadores.
Me gradué en Filosofía y Letras y ejercí el periodismo en los diarios El Mundo y El País. Años más tarde fuí profesor de periodismo en la recién fundada Escuela Profesional de Periodismo Carlos Marquez Sterling. También compuse algunas poesías aunque nunca se me ocurrió ser poeta.

Cecilia —¿Eres casado?

Polo —Viudo. Mi esposa murió un poco antes de mi llegada a este islote.

Cecilia —Cuéntame de ella.

Polo —Sí. Nos casamos jóvenes. Ella con 21 y yo con 24 años y apenas recién graduado. Rosa, terminó sus estudios de enseñanza secundaria. Estudio música y corte y costura y fue ama de casa, como la mayoría de las mujeres de esa época.

Cecilia —¿Tuvieron hijos?

Polo —No, tratamos pero sin suerte. Después ella se enfermó de cáncer y estuvo convaleciente por muchos años. Fue una enfermedad larga y dolorosa, con altas y bajas que limitó su vida hogareña, así como salidas y paseos.

Cecilia —Lo siento Polo.

Polo —Gracias, ahora te toca a ti.

Cecilia —Yo nací en Santiago en 1952, aunque al año mi madre y yo regresamos a Santa Clara a vivir en casa de mis abuelos. Mi madre era enfermera en la clínica de Maternidad Obrera y algunas veces trabajaba en el hospital Provincial de la ONDI o en la consulta de médicos privados villaclareños. Hice mi primaria con las Teresianas y en el colegio Ignacio Pons Naranjo, la secundaria básica en Julio Pino Machado, antigüa escuela metodista, y el Pre en el Osvaldo Herrera, frente al parque Leoncio Vidal. Desde niña tuve inclinación por la medicina. Mi madre me llevaba a veces a la consulta de médicos que me impresionaban con sus batas blancas, sus conocimientos del cuerpo humano y su dedicación a curar enfermos. Además, sentía cierta admiración por aquellos señores que daban turnos a los pacientes e instrucciones que las enfermeras cumplían puntualmente. Y claro, mi madre que era una mujer de ideas progresistas me inculcó desde niña que debía estudiar una carrera, y que si me gustaba la medicina ella estaría feliz de que hubiera otro médico en la familia.

Cuando llegó el momento de decidir donde matricularme, mi madre y mi tía Patria me embullaron a que estudiara en Santiago en vez de en La Habana. Te confieso que aunque mi atracción hacia La Habana y su universidad bicentenaria era grande, los razonamientos de ambas lograron convencerme, y tuve que abandonar mis ilusiones. La Facultad de

Ciencias Médicas de la Universidad de Oriente era mucho más joven y aún carecía del historial académico de la Facultad de Medicina de la capital. Por otro lado, si estudiaba en Santiago podía quedarme con tía Patria en vez de en un albergue estudiantil en La Habana donde los menesteres del diario se me harían más difíciles. En fín, estudié la carrera de medicina en Santiago donde a la verdad todo era más fácil. La casa de Patria estaba en Vista Alegre, un barrio muy bonito en las afueras de Santiago. Allí, no tenía que preocuparme por la comida o la limpieza. Y por más que yo insistía, Patria no me dejaba ni lavar mi ropa. También mi madre nos mandaba una ayudita todos los meses con lo que completábamos para resolver las cosas necesarias y dar algún paseo cuando yo no tenía que estudiar.

Polo —Ahora que mencionas Santiago, yo la visité varias veces. Es una ciudad hermosísima donde se entretejen lomas, terrazas y calles estrechas, casi sin aceras. Siempre recuerdo las playas y parques que llevaban nombres de patriotas, las vistas de la bahía, y la majestuosidad de las montañas que la rodean. La historia mambisa de Cuba tiene su cuna en el indómito oriente que fue escenario de mil batallas y sacrificios por la libertad.

Cecilia —Si, me imagino que después de la destrucción y el sufrimiento causados por nuestras guerras de independencia la violencia política cubana se redujo al menos por un tiempo.

Polo —Ni hablar, no fue así. La violencia no es algo exclusivo de las guerras. La violencia política en Cuba no ocurrió solamente durante las guerras de independencia o en los enfrentamientos que las precedieron. También adoptó otras modalidades a través de la historia, tales como golpes de estado, o cuartelazos como decíamos antes, como tortura física y mental, como atentados, invasiones, exilios, o también yo añadiría como suicidios asociados a circunstancias políticas o militares.

Por ejemplo, recién terminada la Guerra de Independencia en 1898 se desataron disturbios y saqueos por hambre. Al inaugurarse la república se desató una huelga el 25 de noviembre de 1902 en la cual murieron 5 personas, hubo 114 heridos, y 80 arrestados. La violencia continuó ininterrumpidamente durante toda la era republicana, y después. En la Cuba republicana asesinan en Santiago de Cuba al director del Diario La República el 1º de enero de 1903. En 1905 asesinan al líder político Enrique Villuendas en Cienfuégos y los miembros del Partido Liberal queman el ayuntamiento de Vueltas, en Las Villas. Al año siguiente 25 negros y 4 blancos asaltan el cuartel de la Guardia Rural en Guanabacoa, y Martín Morúa es acusado de instigador. El gobierno responde con violencia y represión. Ese año, liberales y negros se alzan en la guerrita de agosto. La Guarda Rural asesina al General negro Quintín Banderas junto a dos compañeros insurrectos. En 1910 atentan contra el jefe del ejército Pino Guerra. En 1912 los líderes negros Evaristo Estenoz y Pedro Ivonet se sublevan mayormente en Oriente, contra la Ley Morúa. Estenoz muere en combate el día 27 de junio. Está sublevación conocida la guerrita del 12 fue de carácter racial y breve duración. También en el 1912 se subleva la Agrupación Independiente de Color. Ese año, el Teniente Arsenio Ortiz asesina a Ivonnet en El Caney. La guerrita del 12 terminó con 3,000 muertos en combate y algunos ejecutados. En La Habana, el 7 de junio, multitudes de blancos atacaron a los negros que encontraban en la calle produciéndose un tiroteo entre ambos. En 1914 la policía arresta a 23 militares en distintos enfrentamientos. El 10 de marzo del año siguiente aparece muerto el periodista Adolfo

Pérez Rizo. Dos años después mueren violentamente durante una campaña política 40 conservadores y 7 liberales.

En 1917 durante el gobierno del Presidente, general Mario G. Menocal se llevan a cabo numerosos atentados, boicots y sabotajes. Entre febrero y abril de 1917, miembros del Partido Liberal liderados por el Gen. José Miguel Gómez se alzaron en Armas después de un fracasado cuartelazo en el campamento militar de Columbia. Los rebeldes, unos mil militares y entre diez o doce mil civiles controlaron temporalmente las provincias de Oriente y Camagüey y parte de Las Villas. Las tropas del gobierno, unos 8 mil soldados controlaron el alzamiento que resultó en cientos de muertos y heridos. El general Gómez y su estado mayor fueron apresados en las montañas de Caicaje en Las Villas, condenados y después indultados por el presidente Menocal. J.M. Gómez se asiló en Miami al ser liberado. También en 1917 asesinan al gobernador de Camagüey y exsenador de la Republica Gustavo Caballero junto al liberal Nicolás Guillen, padre del poeta. Además, el teniente Julio Cadenas, fusila a 22 jamaicanos que saquearon el Central Jobabo.

El 13 de junio de 1920 estalla un petardo en el Teatro Nacional, donde cantaba el tenor Enrico Carruso en una función de la opera Aida de Giuseppc Verdi.

En 1922, el representante José Cano mata a tiros al representante liberal Rafael Martínez Alonso.

El 1º de agosto de 1924 asesinan a balazos al industrial José Arechabala. Ese año, la Asociación de Veteranos y Patriotas protagoniza una revuelta de corta duración. La violencia continúo por parte de movimientos subversivos de veteranos y patriotas como el de Carlos García Vélez entre 1920 y 1923. Un año más tarde, en 1924, el Coronel Laredo Brú fracasa en su intento de sublevarse en Las Villas, y el líder comunista Martínez Villena es encarcelado. En 1925 asesinan en la cabaña al anarco-sindicalista José Cuvart. Tres años después asesinan a 5 reclusos en Isla de Pinos. En 1929, el líder estudiantil J.A. Mella es asesinado en México después de renunciar al Partido Comunista, y en el mismo año ultiman al periodista venezolano Francisco Laguado.

A fines de 1928 el entonces presidente Gerardo Machado, apoyado por congresistas corruptos fuerza su reelección a periodos más largos que los establecidos por la constitución.

Entre 1930 y 1932 se organizaron huelgas violentas de trabajadores portuarios, tabaqueros, tranviarios y azucareros y se llevaron a cabo los asesinatos como los del veterano conservador Armando André, quien era director del periódico El Día, y el del líder obrero Enrique Varona. En 1930, la policía asesina en La Habana al líder estudiantil Rafael Trejo. La joven dictadura de Machado crea la Porra, un cuerpo represivo parapolicial que golpeaba y asesinaba a los anti-machadistas. En ese año encarcelan a Leonor Ferreira, una niña de 14 años de edad.

Cecilia —Ah sí, yo he leído que durante la dictadura de Batista también existieron grupos como los Tigres de Masferrer, y ahora veo que las Brigadas de Respuesta Rápida y la Brigada de la Construcción Blas Roca son una versión revolucionaria actual de esos cuerpos represores de carácter paramilitar.

Polo —Así es. Pero la violencia en tiempos de Machado fue más allá de la Porra. Entre los años 1930 y 1933 el Directorio Estudiantil Universitario (DEU) y su organización secreta ABC colocaron bombas y petardos por los cientos, además de incontables intentos de asesinato a machadistas.

En el 1930 hubo una huelga de 200,000 trabajadores. En 1931, un año notoriamente violento, los políticos Menocal y Mendieta organizaron una insurrección armada en Pinar del Rio, y los revolucionarios Carlos Hevia y Sergio Carbó una expedición en Gibara que fue capturada por el ejército. También fallidos fueron el cuartelazo del Coronel Julio Aguado en La Cabaña y la insubordinación del capitán Arturo del Pino quien se suicidó después de un tiroteo con la policía. El exgobernador de Camagüey y senador Rogelio Zayas Bazán muere asesinado, y el 23 de febrero estalla una bomba en el Palacio Presidencial dañando cuartos del tercer piso.

Un año después, en 1932 son asesinados los intelectuales, Clemente Vazquez Bello y Gonzalo Freyre de Andrade, figuras de gran prestigio en la sociedad cubana. La violencia de esos tiempos se reflejó en un plan fracasado de dinamitar el panteón de Vazquez Bello en el Cementerio de Colón mientras figuras del gobierno asistían a sus funerales. Continúan las ejecuciones callejeras, las balaceras y las bombas en lugares públicos. El senador y jurista Ricardo Dolz y otros logran asilarse. En abril de 1933 la policía Machadista asesina a Raimundo y José A. Valdés Dausá. El 7 de agosto se corrió «la bola» que Machado había caído. Ese falso rumor resultó en manifestaciones callejeras que fueron reprimidas violentamente por la policía machadista. El 12 de agosto de 1933 Machado renuncia y huye de Cuba. En Septiembre de ese año el sargento Fulgencio Batista y Zaldivar con el apoyo de suboficiales y tropa del campamento de Columbia en La Habana, sede de las Fuerzas Armadas cubanas, se une a estudiantes y grupos anti machadistas como el ABC, el DEU y otros, asume la jefatura del ejército y se convierte en el poder detrás del trono. A la caída de Machado las calles de La Habana, Santiago, y otras ciudades se inundan de turbas que saquean residencias y comercios, y asesinan a Mansalva, tal y como lo hizo la Porra un mes antes. Tras la huida de Machado son frecuentes los tiroteos en los cuarteles militares y estaciones de policía.

En septiembre de ese año, oficiales y veteranos mambises de las Fuerzas Armadas se acuartelan en el Hotel Nacional y son desalojados después de una batalla a tiros con soldados de Batista y otros combatientes revolucionarios. Aparte de los muertos en combate, las fuerzas atacantes asesinaron a oficiales acantonados en el hotel luego de que estos se rindieran. El día 29 de ese mes hay 6 muertos y 20 heridos cuando comunistas trataban de enterrar las cenizas de Julio A. Mella en la Plaza de la Fraternidad en La Habana.

Llega el mes de noviembre y el comandante Ciro Leonard y otros militares y abecedarios se amotinan en el Castillo de Atarés en La Habana. En pocas horas son capturados por el ejército leal a Batista. Mientras tanto, La Habana es escenario de tiroteos entre los contrarrevolucionarios sublevados, y el ejército y civiles leales al profesor y político Ramón Grau. Este incidente es el último de una secuela de eventos relacionados con la huida de Machado y la posterior violencia política entre facciones antimachadistas en 1933.

No obstante, el 1934 trajo más atentados, secuestros, asaltos, bombas, y desordenes, incluyendo atentados contra la vida de José I. Rivero, director del Diario La Marina, de Cosme de la Toriente y de Emeterio Santovenia, prestigiosos intelectuales cubanos.

También en ese año secuestran al coronel Méndez Peñate, Secretario de Justicia. Al año siguiente se produce una sangrienta huelga general. En 1935, Guiteras muere a tiros en El Morrillo mientras trataba de huir de Cuba. Más tarde, la organización Jóven Cuba vengaría su muerte. El coronel Pedraza carga con el asesinato de varios líderes obreros y Enrique Fernández, exsubsecretario del interior es asesinado. La organización Jóven Cuba secuestra a Eutemio Falla Bonet y obtiene un rescate de 300,000 dólares. En La Habana continúa la violencia durante el estado de sitio y toque de queda.

En 1936 asesinan al grausista Octavio Seigle y dinamitan el periódico derechista «El País» causando numerosos heridos.

Durante el primer mandato del presidente Batista, elegido democráticamente en 1940, la policía fuerza a sus detenidos a ingerir aceite de ricino. El último intento de las fuerzas armadas de destituir a Batista ocurre en 1941. Este fracasa y el Servicio de Inteligencia Militar (SIM) comete atrocidades contra los enemigos de Batista. Ese año asesinan al Representante a la Cámara Modesto Maidique.

Entre 1944 y 1948 las pandillas políticas y estudiantiles proliferaron durante el gobierno democráticamente elegido del Dr. Ramón Grau San Martín, dejando tras de sí una larga estela de sangre. Los tiroteos ocurrían lo mismo en las sedes sindicales que en las aulas universitarias, o en cualquier calle de la ciudad. Cada pandilla tenía un cabecilla apodado e indisputado, y una matrícula de hasta 800 miembros. «El Cojo» Masferrer, «El Extraño» Jesús Gonzalez Cartas, «El Colorado» Orlando León Lemus de la Legión Revolucionaria, el Bonche Universitario de Luis O. Rodríguez, y el Ala Izquierda Estudiantil liderada por Faure Chaumon y Manolo Castro fueron nombres y apodos familiares para los habaneros de la época.

En 1945 se descubre un complot para asesinar al presidente Grau y Enrique Enríquez, jefe de la policía secreta es asesinado. En febrero de 1946 «El Manquito» es herido en un tiroteo en el estadio universitario, en el cuál también participa Fidel Castro Ruz. El año prosigue con la conspiración de la Capa Negra de Manuel Benítez y con atentados contra Joaquín Martínez Sáenz y el magnate azucarero, Julio Lobo.

El año 1947 reporta tiroteos entre facciones del partido auténtico. Estalla una bomba en el Capitolio Nacional y se produce la Matanza de Orfila, uno de los episodios emblemáticos de la violencia de los años cuarenta, en el que se enfrentaron Mario Salabarría, jefe de la policía secreta y Emilio Tró de la policía de Marianao y jefe de la Unión Insurreccional Revolucionaria, una de las pandillas quasi políticas más violentas y conocidas en Cuba que mantenía estrechas relaciones con la presidencia de la república.

En ese año se organizó en Cuba la llamada expedición de Cayo Confite, destinada a derrocar al dictador dominicano Rafael Leonidas Trujillo. Los invasores, un grupo de cerca de mil hombres entre los que se encontraba Fidel Castro Ruz fueron arrestados. Algo después falla un atentado contra Emilio Tro.

El 26 de mayo de 1947 se realiza un atentado contra «El Colorado» y desalojan a los comunistas del edificio del Palacio de los Trabajadores.

El 1948 comienza cargado de violencia política. El 22 de enero el capitán del Ejército Joaquín Casillas Lumpuy mata a tiros al líder comunista y Representante a la Cámara, Jesús Menéndez.

Cecilia —¡Ah! De ahí viene el nombre que llevan tantas cosas en Cuba. Un mártir comunista que fue Representante a la Cámara durante la república.

Polo —Anjá, y al mes siguiente asesinaron al líder estudiantil Manolo Castro, exsecretario general de la Federación Estudiantil Universitaria (FEU) y rival de Fidel Castro en la política gansteril universitaria de la época. El próximo asesinato político ocurre en octubre cuando muere a balazos Aracelio Iglesias Díaz líder comunista de los obreros marítimos. En noviembre de 1948 atentan contra la vida del líder Obrero Ignacio Gonzalez Tellechea.

Apenas comenzado el 1949, la tienda de ropa por departamento La Época es víctima de un atentado dinamitero y la

Guardia Rural mata a tiros a los pandilleros Enrique Dobarganes, «Guarina», y Ramiro Garcia quienes trataban de escapar de la prisión de Isla de Pinos, Un tercer recluso, Jesús Rivero, «El Chino» logra fugarse.

En enero estalla una bomba en la residencia del Dr. Miguel Ángel de la Guardia, exministro de Educación, y el día 20 estalla otra en la sede del Gobierno Provincial de La Habana. Uno de los más típicos incidentes de violencia pandillera ocurrió en ese año de 1949 cuando el gánster Policarpo Soler, entonces asociado a otro pandillero, el notorio Orlando León Lemus, «El Colorado», asesinaron a tiros a Luis Salazar, «El Wichi», y a otros dos individuos en la esquina habanera de Ayestarán y 19 de mayo.

«Policarpo» y «El Colorado» se batieron a tiros dos años después en una quinta del Reparto La Sierra. Ese año Policarpo cae preso, pero logra fugarse de la cárcel. El 1º de febrero hay desordenes que obligan a suspender las clases en la Universidad de La Habana. El 2 de abril de 1949 el «El Colorado» balacea a Justo Fuéntes Clavel líder de la Unión Insurreccional Revolucionaria (UIR) y Vice-Presidente de la Federación Estudiantil Universitaria (FEU). El 27 de ese mes encarcelan al líder ortodoxo Eduardo Chibás e intentan asesinarlo en la cárcel. El 8 de julio atentan contra la vida de Eusebio Mujal Barniol, líder de la Confederación de Trabajadores Cubanos (CTC). El día 20 del mismo mes muere en Cayo Cruz, acribillado a balazos, Roberto Henríquez Lopez.

En septiembre el coronel de la Policía Nacional, José Caramés toma por asalto la Escuela de Agronomía de la Universidad de La Habana, ocupa un cargamento de armas y detiene a miembros de los grupos de acción. También en ese mes, en una redada de la Policía arrestan a 28 miembros de grupos de acción y falla un atentado contra la vida de Rolando Masferrer. Ese mes muere a balazos el líder estudiantil Gustavo Mejía. En el último mes de 1949 matan a balazos al Dr. Michelena Méndez, Director del Instituto de Segunda Enseñanza de Sancti Spíritus.

El 26 de agosto de 1950 arrestan a 18 miembros del Partido Socialista Popular (PSP) en Santiago de Cuba, y a 4 en La Habana, por incitar al desorden. Al mes siguiente realizan un atentado a balazos contra el excoronel José M. Pérez Domínguez y en el último mes del año estalla una bomba en casa del Dr. Lomberto Díaz Rodríguez, Ministro de Gobernación. El año de 1950 es testigo de numerosos tiroteos y asesinatos entre pandillas, a pesar de las botellas o sinecuras que les otorgaba la presidencia de la república.

El 9 de enero de 1951 arrestan al líder comunista Lázaro Peña a su regreso de la Unión Soviética. En junio se arma una balacera entre grupos de acción en el balneario Buey Vaquita en Matanzas. El líder ortodoxo Eduardo Chibás se suicida en agosto y en septiembre destruyen los talleres del periódico Hoy del partido comunista, PSP. Al mes siguiente tres pandilleros de Rolando Masferrer tirotean a la policía mientras que en el barrio habanero del Vedado arrestan de nuevo a Policarpo Soler. Casi terminado el año de 1951 prendieron a «Motorcito» después que fue baleado el general retirado Genovevo Pérez Dámera. Además, entre este año y el siguiente ocurrieron varios tiroteos y atentados contra Aníbal Escalante y contra la imprenta del periódico comunista Hoy.

Apenas comenzado el año de 1952 explotaron un petardo en la residencia de Maria Luisa Gómez Mena, Condesa de Revilla Camargo, y una de las damas más notables de la aristocracia cubana. Transcurrió el año, y antes del golpe de Estado de Batista, Alejo Cossío del Pino (exlegislador y exministro) fue asesinado por varios pistoleros en una calle de La Habana. En febrero de ese año fracasa otro atentado contra Rolando Masferrer, le prenden fuego al yate del político Diego Vicente Tejera y aparece el cadáver del pandillero «Cheo». En marzo, encuentran una bomba sin estallar colocada en el bufete del abogado y político Pelayo Cuervo Navarro. El 10 de marzo se produce el golpe de estado del General, Senador y expresidente constitucional Fulgencio Batista y Zaldívar.

El cuartelazo de 1952 generó una débil respuesta ciudadana mientras que los estudiantes y políticos que protestaron abiertamente fueron golpeados y encarcelados por los golpistas, incluyendo a conocidos periodistas como Mario Kuchilán. En 1953 continuaron los arrestos de líderes políticos como Carlos Hevia, exministro y fundador del Partido Revolucionario Cubano (Autentico) y encarcelaron, entre otros, al líder obrero Marco A. Hirigoyen. Apenas comenzado el año, el estudiante Rubén Batista, quien no era pariente del general Batista, resultó muerto en una manifestación estudiantil. En abril son arrestados el profesor Rafael García Bárcena y el periodista y político ortodoxo José Pardo Llada acusados de planear un ataque al campamento militar de Columbia. Garcia Barcena y varios de los 60 complotados fueron torturados y condenados a dos años de prisión.

El 26 de julio de 1953 Fidel Castro y un centenar de seguidores atacan el cuartel Moncada en Santiago de Cuba y son repelidos en un sangriento enfrentamiento que incluyó la tortura y ejecución sumaria de un grupo de atacantes apresados. Fidel Castro logra escapar antes del ataque y su hermano Raúl es capturado en San Luis, cerca de Santiago. Las fuerzas gubernamentales le sacan los ojos al revolucionario Abel Santamaría y se los entregan a su hermana Haydee. En noviembre de ese año desaparece el líder sindical comunista José María Pérez, y los estudiantes José Valdés y Daniel Soto son torturados por el Servicio de Inteligencia Militar (SIM). También fue torturado por los Tigres de Rolando Masferrer el líder autentico Armando Hernández.

El año de 1954 se caracterizó por la violencia política y la represión llevada a cabo por el recién creado Buró Represivo de Actividades Comunistas (BRAC) patrocinado por los E.U.A.

Apenas comenzado el 1955 matan a balazos al pandillero Orlando León Lemos, «El Colorado», y arrestan a Luis Casero, exalcalde de Santiago de Cuba.

En julio, la policía trata de disolver un motín estudiantil y en diciembre se declara una huelga obrera que contó con el apoyo de estudiantes y comunistas.

Durante todo el año estallan bombas a través de la isla y continúa al agitación en las universidades. También Julio Laurent, jefe del espionaje naval ordena la detención y asesinato de Jorge Agostini (exjefe de la policía presidencial de los expresidentes Grau y Prío). Miembros del 26 de julio disuelven violentamente mítines del partido Ortodoxo. Se organizan nuevos grupos de acción armada. Las detenciones continúan durante el año incluyendo al joven líder estudiantil José Antonio Echeverría «Manzanita».

También en ese año, durante el carnaval de La Habana, José A. Echeverría, Juan Pedro Carbó Servía y otros son detenidos y golpeados cuando protestaban públicamente en el desfile. Los estudiantes universitarios y de 2da enseñanza continúan manifestándose públicamente contra Batista en Santiago de Cuba, Camagüey y Pinar del Rio. En mayo un grupo de conspiradores que incluía a Aureliano Sánchez Arango, Paquito Cairol y Tomás Regalado son sorprendidos por la policía y algunos se asilan en embajadas. También Arturo Marquez es baleado por el policía universitario Evaristo Venerco.

Durante todo el 1955 hubo enfrentamientos violentos entre la policía y estudiantes en las principales ciudades de Cuba así como torturas, bombas y arrestos y una huelga de medio millón de trabajadores.

Termina el año y comienza otro con la muerte a tiros de Raúl Cervantez, Presidente de la Juventud Ortodoxa de Ciego de Avila. Atentan contra la vida de Fidel Castro en México, mientras Fructuoso Rodríguez y otros estudiantes del Directorio Revolucionario (DR) asaltan armados una estación de radio.

La violencia arrecia interrumpidamente en 1956. El excapitán Escalona es torturado y arrojado a la bahía de Santiago. El SIM arresta a Cándido de la Torre, a Menelao Mora, a «Manzanita», y a Eufemio Fernández, entre otros. Hay un desembarco de armas en Santiago y otro en La Habana. Fracasa por una delación la conspiración de los militares Barquín, Varela Borbonet, y otros. Reynaldo García perece en un ataque al cuartel Goicuria junto a numerosos muertos, heridos y arrestados. Por otra parte el expresidente Prio es detenido y enviado al exilio. También fracasa una invasión a Cuba dirigida por Policarpo Soler y mercenarios trujillistas.

En septiembre de 1956, 18 jóvenes son asesinados en Oriente y abandonados en la vía pública tras un fallido atentado contra Batista. Dos mujeres son violadas, asesinadas y abandonadas desnudas en La Habana. En octubre, los miembros del DR Juan Pedro Carbó Servía y Rolando Cúbela, asesinan a tiros a Antonio Blanco Rico, jefe del Servicio de Inteligencia militar de Batista, y hieren a Marcelo Tabernilla (hijo del Jefe del Estado Mayor del Ejército) y a la esposa de este en el cabaret habanero Montmartre. Al día siguiente el General de la Policía Rafael Salas Cañizares y el Coronel Orlando Piedra asaltan la embajada de Haití en La Habana buscando a Cúbela y a Carbó Servía. Salas Cañizares resulta herido en el tiroteo y muere días después.

En noviembre, 300 comandos urbanos del movimiento 26 de julio (M-26-7) atacan y ocupan instalaciones militares y administrativas en Santiago y áreas cercanas, mientras los obreros van a la huelga por varios días en las ciudades orientales de Santiago y Guantánamo.

Terminando el mes, el capitán Jorge Sotús toma una estación de la policía marítima. El líder del M-26-7 en Santiago Frank País comienza un alzamiento en Oriente que es sofocado violentamente por los coroneles Salas Cañizares,—hermano del general Rafael Salas Cañizares— y Fermín Cowley. A la postre, decenas de cadáveres yacen en las calles de Santiago y muchos otros aparecen baleados y ahorcados en toda la isla. Se realizan cientos de arrestos. En Holguín, el joven de 15 años William Soler es asesinado junto a otros 22 jóvenes. Su cadáver es descubierto apenas comenzado el nuevo año.

El día 2 de diciembre de 1956, Fidel Castro, con unos 80 hombres, desembarca en Oriente a bordo del yate Granma. Los revolucionarios son ametrallados desde el aire y casi diezmados en la zona de Alegría del Pio. Otros expedicionarios son hechos prisioneros y más tarde fusilados y colgados en árboles. Mientras estos expedicionarios eran perseguidos, el M-26-7 coloca bombas en Oriente provocando apagones.

En La Habana, el DR, realiza una operación de rescate de 3 presos en el Castillo del Príncipe. En la noche de despedida del año, el revolucionario del M-26-7 Javier Pazos, explota una bomba en el famoso cabaret Tropicana en La Habana donde una joven perdió un brazo y otros asistentes resultaron heridos. Con estos truenos comenzó el año de 1957, que no fue menos violento que el año anterior. La oposición al régimen de Batista se plasmaba en una insurrección armada, compuesta de un clandestinaje urbano dedicado a la violencia política y reprimido sin compasión, y una guerrilla alzada en las montañas combatida por tropas regulares del ejército y por «Casquitos» o reclutas jóvenes improvisados. También comenzando el año Reynold García muere en un ataque al cuartel Goicuria. Acto seguido continuaron los arrestos de sindicalistas, estando los trabajadores eléctricos entre los primeros. En las montañas de Oriente los rebeldes del M-26-7 atacaron exitosamente el cuartel de El Uvero llevándose armas, municiones y vituallas. El Ejército ordenó entonces evacuar a miles de campesinos de la región, concentrarlos en Santiago de Cuba y disparar contra los rezagados mientras aviones de la Fuerza Aérea bombardeaban la zona rebelde. Esta fue la tercera reconcentración de campesinos en la historia de Cuba.

El año continúo con la aparición de decenas de cadáveres en la provincia de Oriente. En La Habana el DR quemó automóviles de la policía estacionados en la empresa Ámbar Motors. En medio de bombas y protestas semanales incendiaron la casa del coronel Orlando Piedra al que trataron de asesinar, sin lograrlo.

El 13 de marzo de ese año, unos 50 hombres de acción de distintos grupos revolucionarios apoyados por otros 50 atacan el Palacio Presidencial en un intento fracasado de magnicidio. Otros 15 toman la radioemisora Radio Reloj y lanzan una arenga a la ciudadanía. El presidente de la FEU y del DR José A. Echeverria «Manzanita» muere en un tiroteo con una patrulla de la policía en las afueras de la Universidad de La Habana. Soldados y policías ultiman a otros atacantes heridos. En el elegante barrio de «El Laguito» aparece asesinado el líder ortodoxo Pelayo Cuervo Navarro.

En abril la policía asalta el edificio de Humbolt No. 7 y mata a Fructuoso Rodríguez, Juan P. Carbó Servía, Joe Westbrook y José Machado, miembros del comando del DR que asesinó a Blanco Rico.

En mayo, la policía golpea y mata a Armando Mirabal. En Cienfuegos, Laurent, jefe del espionaje naval tortura y asesina a jóvenes del 26 de julio. Sigue mayo con el arresto del líder obrero Ursinio Rojas y el desembarco fallido de la expedición Autentica del barco «Corinthia». En mayo de 1957 mueren los líderes estudiantiles villareños Julio Pino Machado y Chiqui Gómez Lubian, al estallarles un petardo que preparaban en un auto en movimiento para cometer un atentado contra figuras del gobierno.

También el día 26 estalla una bomba en el central Andorra en Pinar del Rio, y otra en el Central Tinguaro. En junio asesinan a José, hermano de Frank País.

En julio la policía arresta en Guantánamo a una niña de 8 años que intentaba colocar una bomba. En Santiago unas 200 mujeres fueron arrestadas y golpeadas en una manifestación callejera. Además, se queman escuelas y se lanzan cocteles molotov en la provincia de Oriente.

El 30 de ese mes la policía descubre la casa de seguridad de Frank País, coordinador del Movimiento 26 de julio (M-26-7) en Oriente y lo asesinan por orden del coronel del ejército Salas Cañizares. Ese acto desató numerosas huelgas en la isla y un entierro multitudinario en Santiago. En agosto estalla una bomba en la tienda Woolworth conocida como el «Tencén» en Galiano y San Rafael, La Habana.

El 5 de septiembre estalla una rebelión en la base naval de Cayo Loco en Cienfuegos. El plan de una rebelión militar extendida fracasa. El líder militar de los rebeldes Dionisio San Román es capturado y trasladado a La Habana donde lo torturan y echan su cadáver al mar. El levantamiento resulta en la condena de un grupo de pilotos a varios años de cárcel y a una purga de miembros de las fuerzas armadas. También en septiembre de 1957 el ejército asesina a 50 campesinos en Oro de Guisa en Oriente y al médico J.L. Ramirez por haber curado a un rebelde herido.

Entre diciembre y enero continuaron los arrestos y las bombas. Asesinan al coronel del Ejército Fermín Cowley en Holguín; y como represalia, el ejército asesina a 6 hombres inocentes. También fue asesinada la líder sindical mujalista Navea Arambarri.

En las lomas orientales, un grupo de 200 rebeldes le causa 170 bajas a una columna del ejército de 300 hombres en Veguitas, y continúan en aumento los enfrentamientos militares en lugares como Pino del Agua y Arroyo del Infierno, entre otros.

Antes de continuar con febrero, te añado otros ejemplos de violencia en 1957. En Oriente, los rebeldes quemaron arrozales y cañaverales. En Camagüey aviones del ejército lanzaron fósforo vivo (napalm) sobre cañaverales mientras los rebeldes fusilaban a campesinos y alistados acusados de ser traidores o contrabandistas. Apenas comenzado el año, los sabotajes continuaron en La Habana. En la localidad de Guanajay la policía torturó hasta la muerte a Luis E. Álvarez. Otros presos fueron lanzados al mar con pesas. Los rebeldes volaron el depósito de gasolina de la Esso, mientras 23 revolucionarios eran asesinados en la cárcel de Boniato.

En el año de 1958 continuaron las torturas y ejecuciones sumarias en toda la isla por parte del Servicio de Inteligencia Miliar (SIM) del gobierno. El día 23 de febrero, antes del Grand Prix automovilístico que se corría en La Habana, militantes del M-26-7 secuestran al famoso piloto de autos argentino Juan Manuel Fangio a quien liberan después de atraer la atención mundial a la situación política de Cuba. El jefe de los secuestradores Oscar Lucero es capturado, torturado y asesinado. Febrero fue un mes en que se sabotearon ferrocarriles y se incendiaron depósitos de mercancías, al tiempo en que los estudiantes de La Habana, Santiago de Cuba y Las Villas declaraban una huelga general. Entre los muchos asesinatos del mes se destacó el del hermano de Andrés Rivero Agüero candidato del gobierno de Batista a la presidencia de la Republica en las próximas elecciones.

Por otra parte, la policía quemó las casas de más de 20 miembros del partido comunista.

El mes de marzo comenzó con una huelga de 75,000 estudiantes de escuelas secundarias. Fidel Castro ordenó extender las acciones armadas del Ejército Rebelde y el clandestinaje a Las Villas y Pinar del Rio y a realizar una huelga general. Ese mes el M-26-7 toma por asalto el cuartel militar de Boniato.

En abril Raúl Castro ataca el cuartel de Ramón de las Yaguas y toma la base naval de Caimaneras en Guantánamo. En dicho mes, el intento de huelga general fracasa. En medio de la violencia continua mueren en tiroteos tres policías, 20 civiles y 80 revolucionarios. Otros treinta caen abatidos en Santiago de Cuba. El día 11 de mayo del año, Nidia Pérez y Marcos Suñe secuestran un avión DC-3 y lo hacen aterrizar en Mayarí Arriba.

En junio de dicho año la policía asesina a las hermanas Lourdes y Cristina Giral Andreu en La Habana y ocurren atentados contra el ministro Rey y el propio dictador Batista. También Raúl Castro secuestra a ciudadanos norteamericanos en Cayo Moa, al director del Molino Ermita, a un canadiense director del Molino Isabel, así como a 27 marinos e infantes de marina cerca de Guantánamo y a 2 ejecutivos en Nícaro.

En mayo y junio de 1958 ocurren dos hechos que presagiaron el desenlace de la insurrección armada. En mayo el ejército de Batista lanza la operación de verano, una gran ofensiva que debilita a los rebeldes pero no los derrota. Al mes siguiente el Ejército Rebelde con la ayuda de los campesinos de la Sierra Maestra derrota al comandante Ángel Sánchez Mosquera y combate en las zonas orientales de El Jigüe, Santo Domingo, Las Vegas de Jibacoa y las Mercedes.

Llega el mes de septiembre y el ejército mata a un grupo de guerrilleros en Camagüey mientras los rebeldes combaten exitosamente en Santa Cruz del Sur. Se realizan sabotajes en el aeropuerto de La Habana y secuestros a empleados de compañías americanas. Entre el 7 y el 12 de octubre las columnas del «Che» Guevara y de Camilo Cienfuegos llegan a Las Villas. También ese mes, el M-26-7 secuestra un avión DC-3 con 12 pasajeros y lo aterriza cerca de las estribaciones de la Sierra Maestra.

El 16 de octubre la columna de Guevara llega al Escambray, une sus fuerzas con las tropas del DR-13 de marzo y otros grupos del 2do Frente y ocupan pueblos cercanos a Santa Clara.

Los secuestros siguen en noviembre. El M-26-7 secuestra a 2 norteamericanos empleados de la Texaco, y dinamita puentes sobre el rio Tuinicú y la carretera central. Además, revolucionarios secuestran un avión en un vuelo Miami-Varadero de Cubana de Aviación que cae en la bahía de Nipe muriendo la tripulación y 10 pasajeros.

En diciembre de 1958 los comandantes rebeldes Huber Matos y Juan Almeida cercan Santiago de Cuba y pelean en Guisa. Para entonces el M-26-7 ya controla casi toda la provincia de Oriente. El día 22 el comandante Rolando Cubela entra en Cabaigüan y ataca Jiguaní; el comandante Juan Almeida sitia Guantánamo y Armando Acosta a Sancti Spíritus.

El 28 de diciembre, los jóvenes estudiantes católicos de la Universidad de Villanueva en La Habana, Julián Martínez, Ramón Pérez Lima, Javier Calvo y José Ignacio Martí Santa Cruz son torturados y ahorcados en Guajaibón, Pinar del Rio por el teniente del ejército Dupairón.

El 30 y el 31 estalla la batalla de Santa Clara cuya ciudad capital es tomada por el «Che» tras la rendición del cuartel Leoncio Vidal.

En la madrugada del 31 de diciembre de 1958, Fulgencio Batista, su familia y sus más cercanos colaboradores huyen de Cuba mientras los rebeldes y milicianos del 26 de Julio comienzan a tomar el control de todo el país.

Cecilia —Ahora, al escucharte, veo como la violencia estuvo enraizada en la cultura política cubana desde tiempos inveterados y cómo se desarrolló durante la república. Pero yo pensaba que al menos la violencia de estado disminuyó al triunfar la insurrección ¿no fue así?

Polo —Nananina Cecilia; la violencia ni siquiera amainó con el fin del Batistato. Tú eras una niña en los primeros años de la revolución, y es lógico que mucho de lo acontecido entonces no se grabó en tu memoria infantil. Tú, como tantos otros, no pudiste conocerlo ya que la revolución cubana reescribió la historia de Cuba a su manera, para los cubanos y para el resto del mundo.

Cecilia —Inclusive yo, a pesar de ser un profesional de la medicina, y de no de haber criticado públicamente a la revolución he tenido un acceso limitado a las bibliotecas y centros de investigación.

Polo —Entonces veamos qué hicieron los rebeldes que bajaron de la Sierra en 1959 con crucifijos colgados del cuello y la promesa de Fidel a las madres cubanas que le resolvería los problemas sin derramar una sola gota de sangre.
En fin, tan pronto se conoció la huida de Batista, las casas de los jefes policiacos y paramilitares batistianos Rolando Masferrer, Esteban Ventura Novo y Pilar García fueron saqueadas en La Habana. Esto aparte de otros saqueos,

tiroteos y ejecuciones entre revolucionarios y batistianos. Once días después del triunfo de la revolución los rebeldes fusilan secretamente a 72 prisioneros en una ejecución masiva en Santiago de Cuba. En febrero detuvieron a Luis Casero, exalcalde de Santiago de Cuba y líder del partido Auténtico antibatistiano.

Ahora continúo con los fusilamientos en 1959, el primer año de gobierno revolucionario y con otros casos de violencia que ocurrieron posteriormente.

Solo mencionaré algunos nombres porque, fueron muchísimos. Durante su breve estancia en Santa Clara entre el primero y el tres de enero Ernesto «Che» Guevara ordenó personalmente los fusilamientos inmediatos del capitán Alejandro Garcia Alayón, de Ramón Alba Maya, Joaquín Casillas Lumpuy y José Fernández Martínez. Durante el resto del mes, aún bajo su mando, fusilaron al coronel Cornelio Rojas Fernández, a Isidoro de Jesús Socarrás, Francisco e Ignacio Rosell Leyva, Héctor Mirabal y otros, en total 17, en la capital de Las Villas.

Entre los ejecutados en otras ciudades en el mes de enero estuvieron: Andrés López Chamizo, en Camagüey; el capitán Agustín Mazaña, en Holguín; Luis Martínez, en Campechuela; el capitán Agustín Martínez, en Holguín; Humberto Martínez, en San Juan y Martínez; Fermín Oduardo, en Manzanillo; José Rodríguez, en Matanzas; Silvano Lezcay, en Holguín y Manuel Jarinas, en Nuevitas.

Entre los fusilados en febrero de 1959 estuvieron Andrés La Rosa Bonilla, en Santa Clara; Evelio Lima, en Quemado de Güines; Orlando Martín, en Santiago de Cuba; Pedro Martín Pérez, los hermanos Manuel y Jacinto Martínez Conill, en Pinar del Rio y Lino Marrero, en Bolondrón, Matanzas.

En Marzo, la joven revolución fusiló a Eduardo J. Pagan en Boniato, y a Nelson Martínez en Jiguaní. Al mes siguiente, Arturo Ladrón de Guevara fue fusilado en Bayamo. En Mayo fusilaron a Raúl Laredo en Ciego de Avila y al mes siguiente a Manuel Llorente en Manzanillo.

He dejado a La Habana, para el final, porque La Habana y Santiago fueron escenarios de la mayor parte de las ejecuciones en 1959.

El Comandante Ernesto «Che» Guevara estuvo al mando de la Fortaleza Militar de la Cabaña, en La Habana, desde enero de 1959 hasta los primeros días de noviembre del mismo año.

Empecemos por las ejecuciones en enero de 1959 en La Cabaña. Entre otros, fueron fusilados en enero Arturo Pérez Pérez, Alberto y Cesar Nicolardes Rojas, Antonio de Beche, Ezequiel Gonzalez, Secundino Hernández, Rodolfo Hernández Falcón, Onelio Mat, Félix Montano, y Mario Requeime. En febrero, Pelayo Alayón, José Luis Alfaro Sierra, Francisco Travieso, Miguel Ares Polo, Eladio Caro, Antonio Carraulo Ayala, Armando Mas Torrente, y otros. En marzo, ejecutaron por fusilamiento a Antonio Valentín, Lupe Valdés, Bonifacio Laza, Barbosa, Pedro Soto Quintana, Álvaro Arguiera Suárez, y Eduardo Forte. Entre los fusilados en abril recuerdo a Eufemio Cano, Eloy Contreras, Rabiche, Fidel Díaz Merquias, y Evelio Gaspar. En mayo, llevaron al paredón a Leonardo Jiménez Martínez, a Gertrudis Castellanos, Ramón Fernández Ojeda, Francisco Mirabal Sánchez, Juan Pérez Hernández y Alfredo Pupo Parra. Te repito, Cecilia, que recuerdo más nombres de los que te he mencionado.

Pero sigo con algunos de los fusilados en junio como Roberto Cuní y su hermano, y Renato Sosa Delgado.

En julio fusilaron ante el paredón a Damaso Zayas, Marcelino Valdés, Félix Oviedo Gonzalez, José Díaz Cabezas, Antonio Duarte Becerra, Pedro Alfaro, y varios más.

En agosto fusilaron a Ariel Lima Lago, y a Manuel Paneque, a Sergio Sosa Hernández, y a Juan Silva Dominguez, en septiembre a José Medina, a Eugenio Berquer Azcarate, en octubre a Osmin Jorren Vega y en noviembre fusilaron a Silvino Junco, a Evaristo Benerio Gonzalez y a Elpidio Soler Puig. En el último mes de 1959 mueren fusilados Severino Barrios, Antonio Blanco Navarro, Emilio Cruz Pérez, y Alberto Corbo.

Cecilia, sé que te abrumado al recordar los nombres de tantos fusilados en el primer año de la revolución; y eso que he omitido muchos otros casos. Pero te puedo resumir que en 1959, en La Habana hubo 483 fusilamientos, de los cuales 135 fueron ordenados personalmente por el comandante «Che» Guevara. Previamente Guevara ordenó el fusilamiento de 17 personas en Santa Clara.

En Oriente, el número de fusilados fue de 535 de los cuales 272 se llevaron a Cabo en Santiago de Cuba bajo el mando de Raúl Castro. Ya te había mencionado la ejecución masiva de 72 prisioneros en Santiago durante los primeros días de la revolución en enero de 1959.

Bueno, creo que ahora te puedo seguir contando otros incidentes de violencia política en 1959.

En Pinar del Rio Luis Lara Crespo, militar del ejército de Batista se escapa de la cárcel y forma la primera guerrilla anticomunista en la Sierra de los Órganos. En menos de un mes, Lara es capturado y fusilado.

En mayo de 1959 Sinesio Walsh se alza en El Escambray y es capturado.

En junio revolucionarios cubanos invaden Republica Dominicana y son derrotados. Comienzan a estallar bombas en La Habana. En septiembre de 1959 el exteniente del ejército de Batista Daniel Betancourt y Osvaldo Enríquez secuestran un avión Viscount en vuelo a Santiago de Cuba y lo aterrizan en Miami.

El 21 de octubre de 1959 el excomandante Rebelde Pedro Luis Díaz Lanz sobrevuela La Habana y arroja volantes acusando a Fidel de ser comunista. También en octubre, aviones procedentes de los E.U.A. bombardean zonas aisladas de Cuba. Manuel Fernández, exministro del Trabajo se suicida y el comandante rebelde Hubert Matos es arrestado y condenado a 20 años de prisión. Su arresto se lleva a cabo en Camagüey por el comandante Camilo Cienfuegos, cumpliendo órdenes de Fidel Castro. En la noche del día 28 el avión en que el comandante Cienfuegos volaba de Camagüey a La Habana desaparece misteriosamente y nunca se encuentran sus restos.

El 5 de febrero de 1960, estudiantes de la Universidad de La Habana, Universidad de Villanueva y miembros del DRE, liderados por Juan Manuel Salvat y Alberto Muller protestan en el parque central de La Habana por una corona que el viceministro ruso Anastas Mikoyan depositaba ante la estatua de José Martí. La policía interviene y la protesta termina con arrestos y heridos.

En febrero de 1960, 104 personas acusadas de una conspiración trujillista son sentenciadas a penas de entre tres y treinta años de prisión. El día 4 de marzo explota en el puerto de La Habana el carguero francés La Coubre con 76 toneladas de armas. En la explosión mueren 75 obreros portuarios y otros 200 resultan heridos. También en marzo, el comandante rebelde Nino Díaz se alza en la Sierra del Escambray junto a otros miembros del recién fundado grupo anticastrista Movimiento de Recuperación Revolucionaria (MRR).

Ya en abril de 1960 se estimaba en unos 10,000 los presos políticos en Cuba.

Entre los meses de mayo y agosto se organizan al menos 11 grupos guerrilleros dispersos por la isla, principalmente en la Sierra de los Órganos, Matanzas, El Escambray, Sagua,

Camagüey, Bahía Honda, Las Villas, Gibara, Holguín, y Moa-Baracoa. Comienzan otros sabotajes en centros urbanos y el gobierno crea las Divisiones Especiales Serranas que sustituyen a las Patrullas Campesinas encargadas de eliminar los grupos guerrilleros.

En junio de 1960 un incendio intencional destruye El Encanto, una exclusiva tienda por departamentos en La Habana.

El 15 de julio estudiantes universitarios dirigidos por comunistas toman el control de la Universidad de La Habana.

Llega el mes de agosto, y el comandante revolucionario Raúl Chibás se asila en Miami. En Cuba miembros de la Juventud Católica y un sacerdote son detenidos tras una balacera donde murieron dos policías. El 12 del mes Roberto Martín Pérez empieza a cumplir una sentencia de 27 años y 8 meses de cárcel.

En el año de 1960 un sargento llamado Porfirio le atraviesa el recto y saca los intestinos al preso político Ismael Madruga. El preso político Alfredo Carrión Obeso es muerto a palos y rematado a tiros en el campo de concentración Melenas por el soldado apodado «Jagüey Grande». El preso político Alfredo Izaguirre Orta es pateado y dado por muerto, aunque logró sobrevivir.

En septiembre de 1960 encarcelan por 10 años a Gloria Argudín, de 19 años de edad, la torturan con falsos fusilamientos con balas de salva junto a un hoyo abierto en la tierra, le inyectan drogas y la amarran junto a los cadáveres de sus compañeros en Topes de Collante.

Al mes siguiente encarcelan a Rino Puig, quien estaría preso por los próximos 15 años en las cárceles de La Cabaña, Sandino, El Príncipe y Melena del Sur.

En octubre de 1960 se calculaba en unos mil el número de alzados en El Escambray. En dicho mes, los comandantes del Segundo Frente William Morgan y Jesús Carreras del Directorio son capturados y ejecutados en marzo del año siguiente. El día 12 del mes torturan y fusilan al excomandante del Ejército Rebelde Plinio Prieto. Al Dr. Armando Zaldívar lo condenan a prisión. También ejecutan a Sinesio Walsh, y a Porfirio Ramírez, presidente de la Federación Estudiantil Universitaria en Las Villas.

Llega noviembre, y el día 12 muere en una emboscada en la carretera de Trinidad-Topes de Collantes el excomandante del Ejército Rebelde Clodomiro Miranda quien se había alzado en Bahía Honda, Pinar del Rio. También fusilan a su compañero de armas, el excapitán rebelde Bernardo Gonzalez, fundador del Movimiento Demócrata Martiano. Los fusilamientos masivos continuaron en 1960. Entre muchos otros, Arturo Hernández Álvarez fue fusilado en Santiago de Cuba; en septiembre el menor de edad Juan Becerra, en Sancti Spíritus; en octubre Carlos Álvarez de la Rosa en La Cabaña, y en diciembre Rafael Bruset Lugones en Las Villas. También fue fusilado en La Cabaña Rafael Aquino Limonta, y en Oriente Pedro José Alera.

El 27 de diciembre, el poeta Armando Valladares es condenado a 30 años, y termina cumpliendo 22 de ellos por estar en desacuerdo con la filosofía de la revolución.

Durante los primeros meses de 1961 aumentaron los sabotajes y la represión, entre ellos la destrucción de servicios públicos y el descarrilamiento del tren Habana-Santiago. En enero, encarcelan a José Luis Prado por diez años. El 13 de marzo una lancha artillada cañoneó la refinería de petróleo en Santiago de Cuba. El 19 arrestan a Humberto Sori Marín, jefe del Departamento Jurídico de los rebeldes antibatistianos en la Sierra Maestra. También, arrestan a Mario Chanes de Armas, expedicionario del Granma y lo condenan a 30 años de cárcel por discrepar del gobierno. El 11 de marzo fusilan al excomandante William Morgan del

Segundo Frente del Escambray. Días después arrestan a su viuda Olga Morgan.

El 17 de abril de 1961 una brigada invasora de unos 2,000 militares apoyada y entrenada por los E.U.A. realiza un desembarco en la zona de Playa Girón y Playa Larga en la costa sur de la provincia de Las Villas. En el desembarco participan unos 1,5000 cubanos y un pequeño grupo de soldados y voluntarios de otros países. La invasión fracasa, 124 mueren en combate y 1,202 combatientes de la Brigada 2506 son hechos prisioneros; El coronel Vicente León se suicida y 176 militares de las Fuerzas Armadas gubernamentales mueren en la acción armada. El capitán de las Fuerzas Armadas del gobierno Osmani Cienfuegos traslada durante horas a 160 invasores brigadistas en un camión rastra sellado y sin ventilación alguna. En el trayecto mueren 9 prisioneros por asfixia.

El día 18 de abril el gobierno fusila en la fortaleza de la cabaña a los estudiantes Virgilio Campaneria y Alberto Tapia dirigentes del DRE. También, encarcelan a Tomás Fernández Travieso. Al día siguiente fusilan a los líderes clave del clandestinaje Rafael Díaz, Eufemio Fernández, Rogelio Gonzalez Corso, «Francisco», Manuel Lorenzo Puig, Nemesio Rodríguez, Humberto Sori Marín, y Gaspar Trueba, todos previamente arrestados por una delación.

En abril de 1961 el gobierno revolucionario mantuvo incomunicado a Rigoberto Perera, a quien le fracturaron ambos brazos como resultado de la tortura a la que fue sometido. Los fusilamientos y ejecuciones sumarias masivas continuaron durante todo el resto de 1961. En diciembre de ese año fue detenido y fusilado sin demora Antonio Díaz Pou, líder del movimiento de Recuperación Revolucionaria y de la Brigada 2506. El día 24 fusilaron a Juana Díaz. Al igual que en las guerras independentistas y en la lucha armada contra Batista, muchas mujeres cubanas tomaron parte en la lucha anticastrista y al igual que los hombres, sufrieron la violencia revolucionaria. En 1961, Ana María Álvarez fue enviada a prisión a los 20 años. Ella, su compañera Reina Piñate, quien cumplió 10 años de cárcel y otras mujeres fueron castigadas en celdas tapiadas de 2x2 metros en la cárcel de Guanajay por negarse a ser rehabilitadas políticamente. En mayo de 1961 cien mujeres, entre ellas Luisa Pérez fueron rociadas con mangueras de agua de 200 a 300 libras de presión en la cárcel de Guanabacoa. Una de ellas, Raquel Romero estaba encinta. En el grupo se encontraban Olga Rodríguez Morgan, Georgina Cid y Polita Grau.

En septiembre de 1961 tres prisioneros de la Brigada 2506, Ramón Calvino, Emilio Soler Puig, y Jorge King Yun fueron ejecutados en La Habana.

Cecilia, mis recuerdos de estos años reviven una época extraordinariamente convulsa. Fue de una violencia de grandes proporciones, comparable únicamente con las cifras de muertes, torturas, arrestos y otros tipos de violencia registrados durante nuestras guerras de independencia. Te seguiré contando algunos casos y fechas específicos, pero en vez de mencionar miles de nombres y fechas individuales te haré relatos y te daré datos confiables tomados del propio gobierno y de algunos cronistas y protagonistas que sobrevivieron para poder contar su historia. Indudablemente los historiadores enfrentarán un gran reto al relatar la conmoción que vivió Cuba durante la primera década del castrismo.

Por ejemplo, al poco tiempo del desembarco de la Brigada 2506 en Playa Girón y Playa Larga, el gobierno cubano realizó el arresto masivo de decenas de miles de sospechosos.

Cecilia —¿Polo, dijiste decenas de miles?

Polo —Si, creo que es el mejor estimado que existe de esa gran redada ya que la cifra exacta nunca podrá conocerse debido a las circunstancias en que tuvo lugar. Durante y después de la invasión de Playa Girón el gobierno arrestó no solamente a conspiradores anticastristas, sino a sospechosos o críticos de la revolución. La magnitud de esa operación por toda Cuba requirió el uso de estadios y campos deportivos, escuelas, estaciones de policía, y campamentos militares; en fin, cualquier lugar que sirviera para un confinamiento masivo. La mayoría fueron liberados en pocos días y el resto, trasladados a prisiones o fusilados.

Además, desde principios de 1960 la resistencia anticastrista incluía grupos de campesinos inconformes con las tendencias comunistas de la revolución y a antiguos rebeldes antibatistianos que comenzaron a alzarse en la Sierra del Escambray, en Las Villas. Un año más tarde estos grupos contaban con unos 200 alzados que cometían sabotajes tales como el incendio de cañaverales, la destrucción de servicios públicos o el descarrilamiento del tren Habana-Santiago. Durante el siguiente quinquenio los grupos guerrilleros del Escambray y Oriente sumaban unos 179 y estaban integrados por unos 4,000 guerrilleros. En otros lugares de la isla se formaron guerrillas más pequeñas, como en Matanzas donde se radicaron 18 grupos integrados por unos 300 guerrilleros, así como grupos más reducidos en Camagüey, Pinar del Rio y La Habana.

En 1962, el grupo exiliado Comandos L. dirigido por Tony Cuesta ataca el barco petrolero soviético Bakú. Juan Manuel Salvat, dirigente del Directorio Revolucionario Estudiantil (DRE), José Basulto y otros exiliados cañonean desde el mar un hotel habanero donde se celebraba una fiesta de militares rusos. Durante el año arrestan a Testigos de Jehová y a la madre de Laura Benítez y los condenan a 3 años de prisión. En marzo se producen incursiones armadas de los grupos exiliados anticastristas Alpha 66, Comandos L y el DRE. También en 1962 capturan a Miguel Mesa, alzado en Cienaguilla, Campechuela y lo condenan a cinco años de cárcel. En la prisión de Boniato sufre junto a otros bayonetazos y privación de alimentos.

En junio de ese año el gobierno reprime manifestaciones antigubernamentales en Santa Clara y en El Cano. En Cárdenas tanques del ejército comandados por «Papito» Serguera intimidan a un grupo de mujeres manifestantes. En julio de 1963 sacan a 20 presos de la cárcel y los ejecutan con ametralladoras en Torre de Iznaga, Las Villas. Entre ellos, Carlos Curbelo, Alejandro Toledo y Ruperto Garcia.

También en 1963 arrestan a religiosos bautistas y los acusan de espionaje. Se emite un decreto que permite fusilar sin previo juicio a cualquier campesino visto fuera de su casa en la noche. Esto me recuerda, Cecilia, un bando similar emitido por el General Blas Villate, Conde de Balmaseda en la Cuba española del siglo XIX.

A fines del año de 1963 el gobierno había ejecutado a cerca de 3,000 personas juzgadas por tribunales revolucionarios y otras miles ejecutadas sin juicio. Entre 1964-68 se contabilizaron más de 600 desaparecidos y se internaron a más de 30,000 en instalaciones militares, campos de concentración de las Unidades Militares de Apoyo a la Producción (UMAP) y otras granjas de castigo, sobretodo en Camagüey. Entre los internados se encontraban sacerdotes, ministros protestantes, homosexuales, artistas, y políticos. Otros 7,000 fueron enviados a cárceles. Se estima que en ese periodo unos 2,000 cubanos se ahogaron tratando de huir de Cuba en pequeñas embarcaciones y balsas improvisadas.

Continúo con el 1964 cuando el G-2 ametralló a 4 cubanos asilados en la embajada del Uruguay. En febrero de ese año una lancha anticastrista atacó a cañonazos tanques de combustible en el puerto villareño de Casilda. El 18 de marzo fusilaron al delator comunista Marco Antonio Rodríguez y esa misma semana a Julio Emilio Carretero, oficial de las guerrillas anticomunistas del Escambray. El 8 de mayo encarcelaron al Rev. Herbert Caudill, Superintendente de la Obra Bautista de Cuba Occidental. Una semana después el gobierno capturó una lancha artillada, cerca de Santa Cruz del Norte, La Habana.

En agosto de 1964, el gobierno revolucionario fusila a tres personas acusadas de sabotaje a la Marina Mercante Cubana. En septiembre capturan a José Campos, líder anticomunista de Matanzas. Llega noviembre, y en La Habana, expulsan y arrestan a líderes del partido comunista, entre ellos a los altos funcionarios del gobierno Joaquín Ordoqui y su esposa Edith García Buchaca.

En diciembre, el ejército rebelde captura y fusila al comandante Santana Gallardo, líder de la guerrilla en Las Villas quien estuvo alzado desde 1959 hasta su captura. Ese mes el excomandante guerrillero antibatistiano Eloy Gutiérrez Menoyo se infiltra en Oriente para organizar una guerrilla anticomunista, es capturado y condenado a 20 años de prisión al mes siguiente. En este año de 1964, el mismo Fidel Castro declaró públicamente la existencia de 20,000 presos políticos en la isla. No sé si te acuerdas, porque eras una niña, pero en 1964 el gobierno amenazaba o castigaba, a veces con algunos días de cárcel, a los jóvenes que vestían pantalones de mezclilla apodados pitusas, o a los que tenían el pelo largo o escuchaban música de Rock, sobretodo la americana.

Llegado el 1966, La Seguridad del Estado arresta a los excomandantes del Directorio Revolucionario-Segundo Frente Rolando Cúbelas y Ramón Güin Díaz.

El 15 de junio de 1966 se realizan atentados y sabotajes por toda la isla. En octubre apresan a José Reboso miembro de la guerrilla del comandante Luis Santana Gallardo, fusilado con anterioridad. En julio hay 80 heridos a bayonetazos en La Cabaña. El día 29 de septiembre un avión dejó caer 3 bombas sobre la ciudad de Nuevitas, en Camagüey. Entre las torturas y abusos cometidos por el gobierno en ese año te anoto el del Dr. Juan Díaz Veronda, quien se suicidó en la cárcel, el del líder Gandía fallecido en el penal de Isla de Pinos por tortura y maltrato. Arsenio Cruz es asesinado en la prisión de Boniato. En la prisión de La Cabaña muere el Dr. Carlos Guerrero a causa de maltratos y falta de asistencia médica. En septiembre Julio Tang es asesinado a bayonetazos, también en Isla de Pinos. Y en octubre Arcano Galano y otros dos jóvenes son ametrallados en el mar cuando trataban de huir de Caimanera a la base naval norteamericana en Guantánamo, Oriente.

En noviembre de 1966, fusilan, en el Castillo de San Severino, Matanzas, a Gerardo Fundora, exoficial del Ejército Rebelde. Un avión bombardea la central eléctrica de la ciudad de Matanzas y vuela hacia los E.U.A.

Al terminar ese año y tras la muerte de miles de campesinos alzados en las montañas y la captura de otros miles y sus simpatizantes, el gobierno anunció la eliminación de los guerrilleros alzados a los cuales llamaba bandidos. Entre los alzados sobrevivientes se encontraban algunas mujeres como Zoila Águila Almeida, en el Escambray, Ana Belkis García en Matanzas, Cira Núñez en Oriente, Estelvina Ramirez García y Florencia Saavedra, todas las cuales fueron condenadas a prisión. Pero antes de seguir, quisiera relatarte con más detalles lo que fue la limpieza del Escambray y la reconcentración de miles de sus habitantes. La llamada limpieza del Escambray consistió en un operativo del gobierno revolucionario cubano para capturar o ejecutar a miles de alzados en armas en la Sierra del Escambray que trataron de derrocarlo por sus tendencias comunistas, y de reconcentrar otros miles de lugareños y campesinos considerados desafectos a la revolución.

Los alzamientos comenzaron en 1960 en varias provincias de la isla, aunque el foco guerrillero principal se hallaba en el Escambray, área montañosa que tú conoces como villareña al fin. Lo que quizás nunca te dijeron es que allí estuvieron alzados guerrilleros del Directorio Revolucionario, el Segundo Frente, y otros exmiembros del 26 de julio durante la lucha contra Batista.

Entre 1960 y 1966 la revolución desplegó miles de milicianos, soldados, y policías que bajo el mando de los comandantes Víctor Drake y José Tomassevich peinaron las montañas en dos grandes oleadas fusilando sumariamente a los alzados que encontraban y cazando al resto con perros alemanes y helicópteros. A veces, los médicos del gobierno le abrían el estómago a los cadáveres frescos para localizar la fuente de los alimentos que habían ingerido. Entre los capturados que sobrevivieron la limpieza estuvo Zoila Águila, la «Niña de Placetas» quien fue presa y torturada y llegó media loca a los E.U.A. años después. Al menos mil rebeldes murieron entre el 60 y el 67 y otros dos mil fueron encarcelados, entre estos últimos lugareños que no eran parte de la lucha armada. En 1970, Raúl Castro fijó en 500 los soldados del gobierno muertos en acción.

El cerco del Escambray comenzó a principios de 1961. A veces se destruían caseríos enteros, como fue el caso de Sigüanea y tierras aledañas, inundándolos al crearse una presa entre esta zona y uno de los saltos del río Hanabanilla. En 1971, el gobierno desalojó forzosamente a miles de familias completas residentes en la zona del Escambray. Los desalojados fueron transportados por trenes y carreteras a los «Pueblos Cautivos» de Pinar del Rio. Un grupo fue reubicado en pueblos y ciudades cercanos al Escambray como Santa Clara, Manicaragüa, Fomento, Placetas, y otros.

Algunos reconcentrados permanecieron en Las Cumbres; otros fueron ubicados en José Ramón Lopez Peña, cerca de San Carlos en la carretera central y el último grupo en el entonces caserío Sandino donde ubicaron a Nicolás Chao, entre otros. Otro grupo, donde estaba Felipe Aguilar Medina fue trasladado de Sandino al campamento del Negrito cerca de Pinar del Rio donde empezaron a construir el pueblo Antonio Briones Montoto.

Al cabo de varios meses algunos de los reconcentrados en estos pueblos recibieron pases de salida, según su comportamiento. Más adelante les permitieron visitas familiares en un poblado cerca de Sandino y salidas de vacaciones, incluyendo Las Villas aunque sólo de visita, ya que allí nunca podrían quedarse a vivir de nuevo.

Cecilia —Tengo la impresión de que la reconcentración del Escambray o la de Batista en 1957 no causó tantas muertes, epidemias, o hambrunas como las dos reconcentraciones anteriores durante la colonia. Aún así, la reconcentración forzosa de los habitantes de zonas enteras y hasta en algunos casos la destrucción de poblados y caseríos; la práctica del trabajo forzado; la separación de familias; y el confinamiento de vivir en otra provincia y nunca regresar a sus hogares son ejemplos de cómo la violencia política se repite prácticamente en todas sus manifestaciones históricas, incluyendo las ejecuciones de prisioneros de guerra.

¿Sabes Polo que esos «Pueblos Cautivos» se anuncian hoy al turismo en la red electrónica y hasta albergan a estudiantes extranjeros?

Polo —¿Y se sabe su historia?

Cecilia —Claro que no. La revolución la ha borrado junto a tantos otros episodios nefastos de la revolución cubana.

Polo —Pero sigamos con el año 1967. En enero de 1967 detienen y torturan a Aida Rosa Pérez, monja de las Hermanas de la Caridad. Ella muere de un ataque al corazón sin recibir asistencia médica.

El 12 de agosto detienen a José Antonio Quesada Fernández y lo acusan de ser un espía infiltrado. También, encarcelan a los dirigentes e intelectuales comunistas Ricardo Bofill y Edmigio Lopez en los albores de la causa de la microfacción. En diciembre del mismo año se produce otro desembarco por El Morrillo. Todos los tripulantes son apresados y condenados a largas penas de cárcel.

Apenas comenzado el 1968, Aníbal Escalante y unos 35 dirigentes del Partido Socialista Popular, —el antiguo partido comunista cubano—, son arrestados y condenados a penas de entre 5 y 15 años de cárcel por divisionismo y conspiración contra los poderes del estado.

Cecilia —Si, si, recuerdo haber oído que a este grupo lo apodaron «La Microfacción».

Polo —Exacto. Avanzado el año, el gobierno organiza una gran redada policial contra los homosexuales y otros elementos calificados de «antisociales». Varios miles de personas son internadas en los campos de concentración de la UMAP y otras granjas de trabajo forzado y rehabilitación política en Camagüey y otras provincias. A pesar de su nombre, la UMAP fue más un campo de detención, rehabilitación política y trabajo forzado que un factor de apoyo a la economía cubana.

También en 1968, cinco comandos anticomunistas trataron de infiltrarse por la costa norte de Pinar del Rio y fueron apresados.

En mayo de 1969 el comando anticomunista de Antonio Mosqueda es capturado al desembarcar en Oriente. En diciembre del mismo año se produce otro desembarco por el Morrillo. Todos los tripulantes son apresados y condenados a largas penas de cárcel. En agosto de 1969 descubren un desembarco de comandos anticastristas en Pinar del Rio y toman prisioneros, entre otros, a José Roig Rodríguez, Roberto Lauzurica Díaz y Federico Avila Azruy. Todos fueron ejecutados. El 12 de ese mes detienen a José Antonio Quesada Fernández y lo acusan de ser un espía infiltrado.

En el último mes del año derriban una avioneta que arrojó armas en paracaídas en el norte de Las Villas. El día 7 arrestan a Georgina Cid quien pasará 16 años encarcelada.

En la década de 1970, el número de presos ascendió a unos 80,000 reclusos, incluyendo miles de presos políticos. El día 17 de enero de 1970 Vicente Méndez trata de desembarcar con un grupo expedicionario en las cercanías de Guantánamo, Oriente, pero una tormenta los obliga a refugiarse en la Base Naval norteamericana en la boca de la bahía de Guantánamo. Méndez, un excapitán del Ejército Rebelde trata de infiltrarse por Baracoa tres meses después, al mando de un comando de Alfa 66. La operación fracasa y el gobierno toma varios prisioneros.

Llega septiembre y el coronel José Rodríguez Pérez, al mando de 8 comandos, desembarca en Banes, Oriente y sostiene combates con el ejército. Todos son abatidos excepto dos de los infiltrados.

En 1971 comandos exiliados atacan instalaciones militares en Boca de Samá. Huber Matos, excomandante de la revolución y preso político desde 1959 es privado de visitas y correspondencia. Sufre vejaciones y lo mantienen incomunicado.

En marzo encarcelan al escritor Heberto Padilla, autor del poemario Fuera del Juego y premio cubano Julián del Casal de Casa de las Américas en 1968. Al mes siguiente lo liberan, Padilla se autocritica públicamente al estilo soviético y acusa a otros intelectuales de crímenes contra la seguridad del Estado.

En mayo una embarcación militar cubana ataca al buque panameño Johny Express y secuestra a su capitán, el cubano exiliado José Villacoba.

En agosto de 1971 asesinan a Oriol Acosta en su celda de la cárcel de Manacas.

Apenas comenzado diciembre, una lancha cañonera cubana aborda y lleva a puerto cubano al carguero panameño Lyla Express acusándolo de planear actividades contrarrevolucionarias.

El día de nochebuena el profesor norteamericano Frank McDonald es arrestado por espionaje, detenido por tres meses y luego expulsado del país.

En 1972 el líder estudiantil anticastrista Pedro Luis Boitel muere en la cárcel torturado y sin recibir asistencia médica por más de un mes. Boitel muere paralítico con 40 kilos de peso. Ese año varios aviones secuestrados fueron a parar a Cuba. En noviembre, cuatro miembros de una liga comunista aterrizaron en La Habana un avión secuestrado con 75 pasajeros. Entre los días 10-12 de octubre otros 3 aviones secuestrados aterrizaron en La Habana.

El 11 de marzo de 1973 estallaron bombas en oficinas comerciales cubanas en Canadá y otros países. En ese mes, el escritor Reinaldo Arenas continuaba encarcelado junto a delincuentes comunes.

También en marzo, aunque un año después, Ernesto Rodríguez Vives dirigente del Movimiento Demócrata Cristiano en el exilio es asesinado a tiros en Nueva York. Al mes siguiente, José Elías de la Torriente, otro líder anticastrista es asesinado en su casa en Miami. En octubre de 1974, 44 cubanos secuestran un buque y se lo llevan a México. En las cárceles de Cuba le retiran alimentos y medicinas a los presos plantados, y trasladan a un grupo de mujeres presas a la cárcel de hombres de La Cabaña. El preso plantado José Rodríguez muere en La Cabaña de un paro cardiaco sin recibir asistencia médica. Durante los dos años siguientes, comandos de Acción Cuba sabotean actos de apoyo a Fidel Castro en los E.U.A.

En octubre de 1975 el expandillero y revolucionario Rolando Masferrer, exlíder de los llamados «Tigres de Masferrer», grupo parapoliciaco batistiano, muere en Miami despedazado por una bomba. También en Miami siguen estallando bombas en el mes de diciembre, cinco el día 3 en oficinas del gobierno federal y otras dos, una de ellas en una estación de policía.

El 6 de abril de 1976 lanchas anticastristas atacan dos pesqueros cubanos. Una semana después asesinan en Miami a Ramón Donestévez, cubano exiliado que abogaba por un dialogo con el gobierno de Castro. Ese año, en Cuba, arrestan a la Dra. Marta Frayde, líder socialista cubana, revolucionaria y cofundadora del Comité Cubano Pro Derechos Humanos. El día 22 de abril mueren dos personas al estallar una bomba en la embajada de Cuba en Lisboa. A los pocos días estalla otra bomba en el automóvil de Emilio Milian comentarista radial exilado en Miami quien pierde las dos piernas. El día 6 de octubre, cerca de Barbados, un avión cubano estalla en pleno vuelo causando la muerte de 73 personas, incluyendo los equipos olímpicos cubanos de esgrima y karate. Al otro día, ametrallan la Embajada de Cuba en Venezuela. También, en 1976 condenan y encarcelan a los revolucionarios del Moncada y México Sebastián y Gustavo Arcos Bergnes, y a los dirigentes e intelectuales comunistas Ricardo Bofil, Elizardo Sánchez Santa Cruz y Marta Frayde, esta última por 3 años.

Cecilia —Te añado que en 1977 los principales líderes opositores seguían arrestados y continuaban los abusos a presos políticos, tanto contra los nuevos opositores pacíficos como contra presos históricos con largas condenas.

En 1978 grupos anticastristas hicieron estallar una bomba en la sede de la misión cubana ante la ONU en la ciudad de Nueva York.

Después del diálogo de diciembre de 1978, el gobierno le llamó al exilio la emigración, o cubanos en el exterior, en vez de gusanos o lúmpen como solía hacer en el pasado. Desde entonces las relaciones entre el gobierno y la oposición han tomado nuevas formas de oposición pacífica por parte de grupos pro-derechos humanos y de acciones represivas de más corta duración y más encubiertas por parte del gobierno. Quiero decir que en general el gobierno ha cambiado los fusilamientos masivos y las largas sentencias carcelarias por actos de repudio, detenciones por horas, días, o semanas, con o sin la instrucción de cargos, arrestos predelictivos, golpeaduras a los detenidos, allanamiento de las casas de los opositores, y cosas así. Por otra parte, el empleo de las torturas físicas y mentales y las condiciones paupérrimas del presidio político no han cambiado mucho y de vez en cuando fusilan a alguien para dar el ejemplo.

Polo —Tienes razón. Pero antes de seguir con los casos de violencia de la décadas de 1970 y 1980 debemos comentar la violencia de dos décadas en que la revolución fue protagonista de guerrillas y campañas militares en 3 continentes, a veces en apoyo, o como inspiración a grupos guerrilleros y movimientos de liberación nacional.

Las guerras extranjeras libradas por militares cubanos en los años '70 fueron una secuela de otras pequeñas invasiones y aventuras guerrilleras cubanas en Panamá y en la Republica Dominicana en 1959 y 1960. O cuando de 1961 a 1964 se enviaron guerrilleros cubanos a Venezuela y Zanzíbar; en 1965 al Congo; y al año siguiente a Colombia y

Guatemala. En 1967 el «Che» Guevara se adentró en la selva boliviana con una guerrilla cubana y pereció en la aventura. A partir del año siguiente guerrilleros cubanos combatieron en Argelia, Siria y Yemén del Sur por varios años. En 1973 asesores militares y de inteligencia cubanos llevaron armas a Chile y entrenaron cuadros revolucionarios. En 1975 la flota pesquera cubana y aviones militares comenzaron, en secreto, las travesías trasatlánticas de Cuba a Angola que totalizaron más de 250,000 soldados, 998 tanques, 600 transportes blindados, 1,600 piezas de artillería, morteros, radares, cohetería antiaérea y otros pertrechos de guerra así como unos 500 obreros cubanos de la construcción. En esa guerra murieron más de 2,000 soldados cubanos.

Cecilia —No, y te añado que en 1978 militares cubanos jugaron un papel protagónico en la dirección y entrenamiento de las fuerzas del Frente Sandinista en Nicaragua. Y, en 1979 cubanos apoyaron a los revolucionarios en Granada y al Frente Guerrillero Farabundo Martí en El Salvador.

Recuerdo que en los años 1970 hubo miles de familias cubanas pendientes de las pocas noticias oficiales de estas acciones militares en las que participaban familiares y amigos y de las que muchos regresaban en ataúdes de madera, heridos, o lisiados. Las guerras Africanas y las guerrillas en América Latina apoyadas y a veces inspiradas por la Revolución fueron un aporte más a la cultura de la violencia política de los cubanos en la isla y en el extranjero.

Sabes que tuve varios compañeros en el pre y en la universidad que querían ser internacionalistas y hablaban de los movimientos de liberación del tercer mundo. De algunos no volví a saber. Otros, como Nacho, terminaron la carrera y fueron enviados a misiones internacionalistas inclusive en zonas de guerra. Por cierto, en la universidad y en algunos colectivos de la salud se corría la bola que una vez en África o Latinoamérica a las médicos y enfermeras se les daba a escoger entre vivir con ciertas comodidades, o ser enviadas a zonas más remotas de vida espartana según aceptaran o no emparejarse con oficiales del ejército cubano que ya las esperaban con fotos y todo.

Pero, ahora voy a seguir contándote algunos casos individuales de violencia política ocurridos después del año 1978.

En 1979 asesinaron en Puerto Rico y en Nueva Jersey, respectivamente, a Carlos Muñiz y a Eulalio Negrín, miembros del grupo apologista de la revolución cubana, Areito, y del grupo pro diálogo Comité de los '75.

Comienza el año de 1980, y en abril, los pasajeros de una güagüa que transitaba por el barrio habanero de Miramar se apoderaron del vehículo y lo estrellaron contra la cerca de la embajada del Perú penetrando en la misma y pidiendo asilo político. Así empezó el éxodo del Mariel cuando el gobierno propició la salida masiva de 130,000 cubanos luego que unas 10,000 personas penetraran en la embajada del Perú mientras que otros miles de cubanos se dirigían a dicha embajada con el mismo propósito. El gobierno organizó actos de repudio contra los que emigraban en el embarcadero del Mosquito en la zona del Mariel, así como en otras ciudades de Cuba.

El episodio del Mariel y la embajada del Perú también resultó en la detención de unos 150 militantes comunistas y de unos 300 líderes sindicales. En la víspera del 26 de julio de ese año Haydee Santamaría, revolucionaria del círculo íntimo de Fidel, se suicida. En noviembre asesinan en Nueva York a Félix García Rodríguez, miembro de la delegación cubana ante la ONU y el grupo anticastrista Omega 7 reclama la autoría. También en 1980 arrestaron en Cuba a Pedro Jorge Dorta Rodríguez y lo sentenciaron a 15 años de prisión, a Samuel Hernández Reyes a 25 años y a Alfredo

Jiménez Ramos con igual sentencia. Un año después sentenciaron al fotógrafo Jacinto Fernández González a 25 años en prisión y a Enrique Ruíz Cabrera a 10 años. El crimen de todos estos condenados fue investigar cómo se trataba a los presos en la prisión del Combinado del Este. Te añado que durante los sucesos de la embajada del Perú y del Mariel el gobierno encarceló de nuevo a Ricardo Bofill, a Elizardo Sánchez, y a Adolfo Rivero Caro. Fue en este período que el Comité Cubano Pro Derechos Humanos (CCPDH) tomó contacto con otros dirigentes políticos presos en el Combinado del Este como Ariel Hidalgo, Mario Chanes de Armas, y Ernesto Díaz e incorporó a otros como los hermanos Arcos Bergnes, Tomás Díaz Castro e Hiram Abi Cobas. En estos años se fortalece y consolida la estrategia de oposición pacífica al gobierno, la cual ha definido las actividades de los grupos disidentes cubanos, notablemente desde la década de 1980. Este tipo de oposición era desconocida en la historia política cubana y ha llevado al gobierno a desarrollar nuevas formas de represión que causen menos daño a su imagen pública internacional.

El 6 de julio de 1980 ocurrió la masacre del Rio Canimar cuando tres jóvenes cubanos armados secuestraron la embarcación de recreo XX Aniversario con cien pasajeros a bordo. Después de un tiroteo con el guardia de seguridad a bordo, el barco fue atacado, primero por una lancha torpedera militar y después por un avión de las Fuerzas Armadas Revolucionarias (FAR) que dejaron muertos y heridos en cubierta. Finalmente, otra embarcación arremetió contra el XX Aniversario, hundiéndolo. De las 56 víctimas que murieron en este episodio, se recuperaron 11 cadáveres y 45 desaparecieron. Entre los niños asesinados se encontraban Lilian Gonzalez, de 3 años, Osmany Rosales de 9, y Marisel San Juan, de 11 años de edad. Uno de los secuestradores, Sergio Ariela de 19 años desapareció; su hermano Silvio de

18 años fue condenado y torturado en la prisión del Combinado del Este y Ramón Calveiro de 15 años de edad fue condenado a varios años de cárcel. En enero de 1981 fusilan a los Testigos de Jehová Ventura, Cipriano y Eugenio Garcia. En mayo, la policía procede a detener a los jóvenes que vestían pitusas, sobre todo con etiquetas norteamericanas. También ingresan al disidente Ariel Hidalgo en la sala Carbó Servía del Hospital Psiquiátrico de La Habana.

Llega septiembre de 1982 y el cadáver de la abogada Edmunda Serrat Barios es entregado en un ataúd a su familia después de varios días de estar detenida y golpeada en Villa Marista, centro de detención y sede de la Seguridad del Estado.

Paso a enero de 1983 cuando el gobierno acusa en La Habana a cinco obreros cubanos de pertenecer al movimiento clandestino Solidaridad Cuba y los condena a muerte. El 23 de junio de 1983 el expresidente y exministro revolucionario Osvaldo Dorticós Torrado se suicida. En octubre, también un día 23, mueren en la isla de Granada 24 cubanos obreros de la construcción y otros 57 resultan heridos de bala cuando los E.U.A. invaden dicha isla.

En 1984 encarcelan en Cuba a los Testigos de Jehová Felipe Hernández, Jesús Prieto, Saúl Reyes y Luis Felipe Santos.

En diciembre de 1985, las autoridades españolas arrestan en Madrid a un vice-cónsul cubano y a dos empleados de la embajada de Cuba, acusándolos de secuestro a Manuel Sánchez Pérez, exministro de Cuba quien había solicitado asilo político en España.

En 1986 había 110 presos políticos plantados y otros 16,500 presos políticos. Ese año arrestaron a Domingo Delgado, Luis Alvarado, Adolfo Rivero Caro y Elizardo Sánchez Santa Cruz, todos miembros del Comité Cubano

Pro Derechos Humanos por reunirse con periodistas extranjeros.

En 1987 líderes de la oposición pacífica cubana presentaron 1,500 denuncias de violaciones a los derechos humanos ante la Comisión Interamericana de Derechos Humanos. Mientras la Comisión se reunía en La Habana, el gobierno organizó un acto de repudio contra los manifestantes que denunciaban la represión. También, el gobierno organizó un acto de repudio donde 300 parapolicías disolvieron una exposición de arte organizada por el Comité Cubano Pro Derechos Humanos (CCPDH). En agosto cinco líderes de la asociación Pro-Arte Libre fueron encarcelados por cinco años.

Entre 1987 y 1989 el activista Héctor Palacios fue arrestado 15 veces. En la cárcel de Ariza, Sebastián Arcos sufrió de pólipos hemorrágicos. No fue operado y murió de cáncer tras su liberación en 1992.

Así llegó 1989, otro año de violencia y gran conmoción política en Cuba. Ese año, el gobierno arrestó y fusiló posteriormente al General de División Arnaldo Ochoa, y a los coroneles del Ministerio del Interior (MININT) Antonio de la Guardia, jimagüa de Patricio, Amado Padrón y al Capitán Jorge Martínez. Patricio de la Guardia y otros altos militares recibieron penas carcelarias entre 15 y 30 años. En total se realizaron alrededor de 150 arrestos y destituciones de altos militares relacionados con el caso Ochoa. También, el exministro del Interior Diocles Torralba fue condenado a 20 años de cárcel, y José Abrantes, exministro del Interior fue acusado de corrupción. Finalmente, al ser encartado en el caso Ochoa, el jefe de Finanzas del MININT Rafael Álvarez Cueto falleció al suicidarse, según versiones oficiales.

En marzo de ese año, el gobierno organizó actos de repudio frente a la casa de Sebastián Arcos Bergnes, líder del CCPDH, así como frente a la casa de su hermano Gustavo. Después, Jorge Quintana y Carlos Ortega, del Movimiento

Julio Antonio Mella fueron arrestados junto a doce de sus compañeros.

Igualmente preso estuvo Hiram Abi Cobas, cumpliendo 18 meses, mientras que Enrique Garcia Cruz estuvo preso en la cárcel de Guanajay. Edgardo Lompart Martín fue condenado a tres años en el Combinado del Este. Otros opositores pacíficos, como Ramón Obregón Sarduy también fueron arrestados. En agosto le cayeron a golpes a Ricardo Bofill quien tuvo que asilarse en la Embajada de Francia.

1989 continúo con la detención del esposo de la líder opositora Ivonne Mayesa, el cual fue endrogado y sometido a golpizas y torturas en la cárcel de Wajay. En noviembre arrestaron a 700 personas en una gran redada que incluyó a exrevolucionarios castristas y sus familiares, acusándolos de corrupción.

En diciembre, el activista proderechos humanos Oscar Peña Rodríguez fue internado en el Hospital Psiquiátrico de Jagua. La activista Tania Díaz Castro y otros siete miembros del PPDHC fueron sentenciados a prisión.

Entre 1989 y 1991, Héctor Palacios estuvo detenido en Villa Marista por 2 años y 8 meses luego de fundar el Partido Liberal. Durante ese año permaneció en un calabozo tapiado, con agua para asearse una vez por semana y en compañía de ratas y otros insectos que a veces salían en busca de alimentos por un hoyo en el suelo que servía de excusado, o letrina.

Entrado el 1990, el gobierno detiene por dos días a Oswaldo Payá Sardiñas, líder del Movimiento Cristiano de Liberación (MCL) y allana su casa. También detienen a Amador Blanco Hernández, líder del grupo Comisión Nacional José Martí Pro-Derechos Humanos, en Caibarién y lo condenan a 3 años de prisión por tener «problemas ideológicos» mientras que otro activista del PPDHC es detenido por varios días y luego puesto en libertad, sin cargos. En abril de ese año la Seguridad del Estado asesina a Pedro Armenteros y el gobierno aumenta los actos de repudio.

Entre muchos otros arrestos en 1990, recuerdo el de algunas mujeres. Además de Tania Díaz, la seguridad del Estado arrestó a Aurea Feria Cao. También a Emérita Elejalde Sarracín, quien fue puesta en libertad condicional después de pasar 6 meses detenida sin cargos en Villa Marista, al igual que Cecilia Romero Acuña.

En enero de 1991 muere, sospechosamente, en prisión el exjefe de la policía política revolucionaria José Abrantes. En febrero de 1991 Jorge Contrera es asesinado en Guantánamo. Llegado el mes de marzo el capitán de la Fuerza Aérea de Cuba Orestes Lorenzo se escapa de la isla en un Mig 23 y lo aterriza en Cayo Hueso, Florida. Mientras tanto continúan los atropellos de las Brigadas de Respuesta Rápida BRR, una tropa de choque parapoliciaca.

Cecilia —Te pongo un caso conocido en el que las Brigadas, junto a policías en doce perseguidoras, se enfrentaron en una reyerta a docenas de jóvenes que asistían a un concierto de rock. Hubo heridos, y arrestaron a 20 jóvenes que solo disfrutaban del espectáculo.

En 1991, ya en medio de un aumento de la violencia contra disidentes, sacan de su casa a la poetisa y líder opositora Maria E. Cruz Varela le entran a golpes y la obligan a comer papeles impresos con sus poemas.

Llegado el 1992, un piloto de Cubana de Aviación secuestra un helicóptero soviético con 34 pasajeros y lo aterriza en Miami. Ese año el gobierno organiza nuevos actos de repudio contra los hermanos Arcos Bergnes, dirigentes del CCPDH y después los arrestan. En febrero del 1992 fusilan a Luis Almeida Pérez por matar a miembros del Ministerio del Interior. El 29 de mayo condenan a Indamiro Restano, líder del Movimiento Pacifista Armonía a 10 años de cárcel.

En diciembre arrestan otra vez a Elizardo Sánchez junto a otros activistas después que turbas gubernamentales asaltaron su casa y lo golpearon. También en diciembre el excapitán revolucionario Orestes Lorenzo vuela a Cuba desde los E.U.A. en un viejo Cessna bimotor que aterriza en una carretera de Varadero donde lo esperaba su familia y regresa con ellos a los E.U.A. Ese mes la policía golpea a Nelson E. Cruz a quien hubo que darle puntos en la cabeza. También golpean a una activista del grupo La Edad de Oro. Durante este año, más de 3,500 cubanos trataron de huir de Cuba en balsas improvisadas y embarcaciones pequeñas.

El 5 de febrero de 1993, cinco policías esposaron y golpearon salvajemente a Jesús Acosta Ramos en Manicaragüa, Las Villas. Acosta murió horas más tarde, «oficialmente» de un ataque al corazón. En marzo, Rogelio Carbonell Guevara sufrió la misma suerte en La Habana. En mayo, el policía Carich Gonzalez mató de un balazo al niño de 13 años Simón Heredia Álvarez, en Camagüey. En la prisión de Boniato, le fracturaron el brazo a golpes a Luis Alberto Pita Santos, y al activista Juan Carlos Aguiar Beaton, en la prisión habanera de Guanajay. El líder de la Organización Juventud Martiana, Felipe Lorenzo, fue sentenciado a 4 años de cárcel por peligrosidad predelictiva. Hacia finales de año, hubo cientos de arrestados acusados de peligrosidad, la mayoría en La Habana. En noviembre de ese año arrestan al periodista independiente Jesús Joel Díaz Hernández.

Llega el 1994 cuando guarda fronteras cubanos hunden la embarcación Olimpia y causan la muerte de 3 tripulantes. En julio una lancha patrullera militar cubana embiste y ataca con cañones de agua a presión al remolcador 13 de marzo que trataba de huir de Cuba con unos 72 pasajeros en circunstancias casi idénticas al hundimiento de la nave XX Aniversario en 1980. 40 de ellos murieron o desaparecieron en el mar. Al mes siguiente un grupo de cubanos fueron detenidos y más tarde fusilados cuando trataban de navegar una lanchita de Regla fuera de la Bahía de La Habana. Este incidente provocó una reacción inesperada cuando decenas de personas que se encontraban en el Malecón o en sus cercanías se amotinaron en protesta y comenzaron a lanzar piedras y a golpear las ventanas y fachadas de los comercios y edificios de la zona mientras gritaban consignas anti-gubernamentales. La protesta duró varias horas y terminó con varios heridos a golpes con cabillas o arrastrados por la calle por la policía. Las Brigadas de Respuesta Rápida de la Construcción, Blas Roca, disolvieron la manifestación violentamente, y trataron de prohibir las fotos y videos de las golpeaduras. Una vez reprimida la protesta, Fidel Castro hizo un recorrido por el lugar. Ignacio Martínez Montero, uno de los primeros 20 muchachos protagonistas del «Maleconazo» fue arrestado y sometido a torturas.

En Santa Clara, desconocidos le fracturan la clavícula a golpes a Gisela Delgado fundadora de las Bibliotecas Independientes mientras ésta caminaba frente a la Audiencia de esa ciudad. Ella tuvo que ser hospitalizada y años después fue cofundadora de las Damas de Blanco. Su esposo, el activista Héctor Palacios volvió a ser detenido por 16 días sin otro asiento que una piedra en la celda. Ese año, 4 desconocidos golpean al activista Francisco Chaviano. Lo mismo le sucedió a Lázaro Garcia cuyos atacantes le advirtieron que abandonara sus actividades en pro de los derechos humanos. En la prisión de Güines murieron ocho activistas por falta de alimentos, y medicinas, e insalubridad.

Llegado el 1995, Leonor Zamora Fernández, presa política en Manto Negro fue pateada y golpeada y confinada por 8 días a una celda de castigo sin atención médica. En septiembre, Víctor Villar Vidot fue golpeado en el Combinado del Este y Ramón Varela Sánchez fue detenido sin cargos. Decenas de activistas fueron detenidos para impedir que conmemoraran el aniversario del hundimiento de la nave 13 de Marzo, entre ellos Vladimiro Roca quién fue condenado a 5 años de cárcel. A finales de año, el periodista independiente Olance Nogueras fue arrestado varias veces y obligado a irse del país en represalia por haber denunciado el peligro de la planta nuclear en Juragüá. En 1995, alrededor de 1,000 personas fueron arrestadas bajo cargos de «peligrosidad» y, «asociación ilícita» y acusaciones similares «predelictivas».

Al llegar el año de 1996, existían en Cuba alrededor de 430 grupos de opositores pacíficos cuyos miembros sufrieron decenas de arrestos breves en Villa Marista. Entre 1995 y 1996 el activista Héctor Palacios fue detenido en varias ocasiones y encarcelado por 3 años por haber acusado a Fidel de hacer promesas falsas ante la cumbre Interamericana celebrada en Chile. Durante este tiempo recibió golpeaduras, torcedura de manos y brazos por presos comunes, agua para asearse una vez a la semana y un calabozo habitado por ratas y mosquitos. Allí perdió 60 libras de peso hasta que fue liberado en 1998 a petición del Papa Juan Pablo II.

En 1996 hubo un desembarco de un comando de 3 hombres armados con bombas incendiarias en Cárdenas, Matanzas. A los pocos días el gobierno anunció las detenciones de Daniel Santovenia, Pedro Álvarcz y Eduardo Díaz. Ese año, un grupo de enfermos arrestados por ser portadores del virus del SIDA protestaron por la falta de atención médica y alimentación, y fueron golpeados con palos y bastones de goma. El 24 de febrero de 1996 aviones de combate MIG cubanos derribaron dos avionetas civiles, desarmadas, de la organización cubanoamericana Hermanos al Rescate que patrullaban el estrecho de la Florida en búsqueda de balseros en peligro. En el ataque fallecieron los pilotos Armando Alejandre, Pablo Morales, Carlos Costa y Mario de la Peña. Entre los meses de enero y febrero arrestaron a 78 personas.

Llegado julio de 1997 detienen por 9 meses y condenan posteriormente a los miembros del grupo de Trabajo de la Disidencia Interna Martha B. Roque, Félix Bonne, Rene Gómez y Vladimiro Roca, todos acusados por defender la pluralidad de partidos políticos. Roque, Bonne, y Gómez son liberados en el año 2000 y Roca dos años más tarde. En noviembre condenan a tres años de cárcel al periodista Bernardo Arévalo Padrón.

En 1998 Reynaldo Alfaro fue condenado a 3 años de prisión y René Campos Morales fue asesinado a palos en una prisión de Santa Clara. A partir de ese año. Desi Mendoza, Oscar Elias Biscet, José Pérez Gutiérrez y decenas de opositores pacíficos fueron encarcelados y sometidos a juicios relámpago solo por criticar al régimen. Entre ellos, Cecilio Monteagudo Sánchez, del Partido Solidaridad Democrática fue condenado a 6 años. También fueron condenados dos ciudadanos de El Salvador acusados de poner bombas. Ese año una máquina sin chapa arremetió contra la bicicleta que montaba Gisela Delgado. Los ocupantes se bajaron gritándole «Gusana de Mierda».

En 1999, Oscar E. Biscet fue condenado a 3 años, y preso un año después en un calabozo en compañía de un demente. En el mismo año la disidente Julia Cecilia Delgado fue condenada a un año de prisión. En 1999, 160 disidentes y periodistas independientes sufrieron amenazas y arrestos domiciliarios, antes, durante y después de la 9ª Cumbre Iberoamericana, entre ellos, Ramón Colás y Héctor Palacios. Aún a las agentes de la seguridad del estado Odilia Collazo y Mercedes Moreno, infiltradas como disidentes, se les impidió a la fuerza reunirse con gobernantes que asistían a la cumbre.

Comienza el año 2000 con la condena a un año de cárcel a Fermín Scull Zulueta y Eduardo Díaz Fleitas. José Orlando Gonzalez Bridón también es condenado a 1 año de prisión.

En noviembre arrestan al periodista Bernardo Arévalo Padrón y en diciembre 200 personas son arrestadas por celebrar el día de los derechos humanos.

Ahora Polo, te voy a dar más datos que me llegaron a partir del año siguiente. En el 2001, Iosvani Suri de la Torre y Máximo Pradera Valdés fueron arrestados sin cargos y en el 2008 aún permanecían arrestados. El disidente Antúnez fue arrestado una vez al mes, por varias horas y después puesto en libertad.

En el 2002, Juan Carlos Gonzalez Leyva y otros ocho activistas de derechos humanos fueron arrestados mientras protestaban por la golpiza que la policía le propinó al periodista Jesús Álvarez Castillo en Ciego de Avila. El 17 de septiembre la policía golpeó a Rafael Madlum Payás del movimiento Cristiano de Liberación. En julio 1º, en Cruces, 150 personas celebraron un acto de repudio contra Gladys Aquit Manrique del Partido Pro Derechos Humanos. En abril, las Brigadas de Respuesta Rápida (BRR) golpearon a Grisel Almaguer Rodríguez cuando salía de la casa de Elizardo Sánchez Santa Cruz. En septiembre la policía de Santiago organizó una golpiza a seis miembros del Movimiento Cristiano de Liberación (MCL). En mayo el preso político Carlos Luis Díaz Fernández cumplió dos años en un calabozo solitario sin luz, entre ratas y mosquitos. El año terminó con un saldo de 246 presos políticos. En noviembre de ese año una avioneta dedicada a la fumigación fue desviada por el piloto y sus familiares, y aterrizada en Cayo Hueso.

Al comienzo del nuevo año, decenas de policías asaltaron la casa de los disidentes Héctor Palacios y Gisela Delgado robando efectos eléctricos, fotos y artículos personales, y amenazando a los hijos menores de la pareja. El 2 de abril del 2003 fusilaron a 3 jóvenes acusados de secuestrar la lancha ferry Baraguá, condenaron a otros 4 a cadena perpetua y a otro a 30 años de cárcel. También condenaron a otros implicados en el intento de secuestro a penas de entre 2 y 5 años.

El año 2003 es conocido como el año de la Primavera Negra. Ese año un grupo de disidentes pacíficos conocidos como el grupo de los 75 fueron arrestados, condenados y encarcelados acusados de crímenes contra la seguridad del estado. Entre ellos había periodistas, bibliotecarios y otros líderes defensores de los derechos humanos como Oscar Espinosa Chepe, Héctor Palacios, la economista Martha Beatriz Roque, el Dr. Oscar Elías Biscet, Orlando Zapata Tamayo, y el periodista y poeta Raúl Rivero. La violencia política de ese año incluyó múltiples aplicaciones de la tortura llamada la gaveta que consistía en enclaustrar a los presos, hombres y mujeres por igual, en celdas tapiadas o espacios mínimos también conocidos como el régimen celular donde casi no podían moverse por horas o días.

Tras el encarcelamiento del grupo de los 75 y con solo 4 visitas al año permitidas a los presos, las madres, esposas y familiares de estos organizaron el grupo pro derechos humanos llamado Damas de Blanco. Entre sus fundadoras estaban Laura Pollán, Yolanda Huerga, Miriam Leyva, Blanca Reyes, Alejandrina Rivas, Josefina Lopez, y Gisela Delgado. Las fundadoras comenzaron a celebrar vigilias y sesiones de oración en casas particulares. Después, este grupo de damas comenzó a reunirse los domingos en la iglesia de Santa Rita en la 5ª avenida de La Habana, donde otras mujeres del grupo Leonor Pérez asistían a la misa dominical. Desde allí, las Damas de Blanco comenzaron a recorrer en silencio la 5ª avenida todos los domingos después de misa, desde la calle 26 a la calle 10, cada una llevando un gladiolo en la mano y todas vestidas de blanco.

Por primera vez en muchos años estas caminatas le dieron a la disidencia un espacio de protesta en una calle habanera a pesar de las golpeaduras, insultos, amenazas, y arrestos a que son sometidas sistemáticamente. Pronto, fotos y videos de las Damas de Blanco comenzaron a aparecer en los medios de prensa fuera de la isla.

Los actos de violencia política del 2003 incluyeron, en marzo, el secuestro de un avión bimotor de hélice DC-3 de la empresa Aerotaxi. Alexis Noriella y otros cinco hombres desviaron el avión en ruta hacia la Isla de la Juventud y lo aterrizaron en Cayo Hueso. Todos los secuestradores fueron condenados a prisión, acusados de piratería por las autoridades estadounidenses.

Durante los 8 años posteriores a la Primavera Negra el número de arrestos de relativa corta duración y el número de cubanos recogidos en el mar cuando trataban de abandonar la isla se multiplicaron significantemente. En el 2004 1,225 balseros huían de Cuba y más del doble, 2,712 al año siguiente. Por otra parte, el número de arrestos creció de 900 en el 2009, a 2,074 en el 2010. En el 2011 la cifra de arrestos ascendió a 4,123 y en 2012 a 6,602.

En junio del 2006, en Gibara, Oriente el gobierno organiza actos de repudio y propina golpizas a Alexander Santos Hernández mientras Ana Rosa Lidea continúa presa en una celda de castigo. A Melissa A. Valle la condenan a cuatro años por peligrosidad social predelectiva, delito sujeto únicamente a la sospecha o decisión del gobierno sin que se requiera ninguna otra evidencia o prueba, ni siquiera aquellas de carácter circunstancial. Otros disidentes son detenidos arbitrariamente por el gobierno por un delito que aún no se ha cometido, ni está a punto de cometerse. Un caso similar es el del delito por asociación ilícita p.ej. reunirse con personas que el gobierno estima desafectos.

En el 2007 arrestan a Vladimir Alejo Miranda sin ser instruido de cargos y lo retienen por 1 año. En el pueblo de Pedro Betancourt, Matanzas arrestan y golpean a Oscar Sánchez Madam y lo condenan a cuatro años de cárcel por participar en una reunión de activistas pro-derechos humanos.

En febrero del 2008, 300 personas hicieron un acto de repudio contra el Dr. Rodolfo Martínez Vigoa. En julio, el periodista preso Juan Carlos Herrera Acosta se cosió los labios en la cárcel provincial de Holguín. El 21 de abril, veinte damas de blanco fueron detenidas en el barrio de Centro Habana y el 29 de septiembre las BRR impidieron un acto público en Holguín.

En el 2009 se somete a Israel Poveda Silva y otros, en Guantánamo, a un tipo de tortura nombrada Shakira, como el nombre de la famosa cantante y bailarina. Esta tortura consiste en amarrar una soga a la cintura y muñeca del torturado colgarlo entre 12 a 16 horas y después someterlo a un periodo de aislamiento. En diciembre, Orlando Zapata inicia en la cárcel una huelga de hambre de 86 días. Lo torturan. En Camagüey le niegan agua de beber durante 18 días. En febrero del 2010 Orlando Zapata Tamayo es transferido al Hospital Hermanos Amejeiras, en La Habana, donde fallece el día 20 de dicho mes.

Otra tortura frecuente fue el Balancín. Al aplicarla ataban al torturado de pies y manos a la espalda y unían ambas ataduras con una soga provocando que los movimientos del torturado parecieran los de un balancín. El balancín se le aplicó a Andres Guerra Blanco y a otros presos en el combinado de Guantánamo.

En todo el 2010 se organizaron más de 20 actos de repudio en cinco provincias orientales que aterrorizaron entre otros a Marta Díaz Rondón, Gertrudis Ojeda Sánchez, Caridad Calabes y a los niños que vivían en sus casas mientras las turbas les arrojaban tomates y excrementos en medio de insultos, consignas, amenazas y obscenidades. Ese año, le fracturaron el cráneo de una pedrada a la disidente Gisela Delgado.

En todos estos actos participaban las Brigadas de Respuesta Rápida (BRR), la Policía Nacional Revolucionaria (PNR) y los Comités de Defensa de la Revolución (CDR).

En enero del 2011 detienen a Guillermo Fariñas, «Coco» quien se había declarado en varias huelgas de hambre anteriormente. El 23 de septiembre agentes del gobierno allanan la casa de Sara Marta Fonseca, la golpean y la arrestan junto a su esposo Ignacio León Pérez, Luis Garcia Pérez Antúnez y otros.

En marzo del 2012 el Papa Benedicto XVI visitó Cuba, lo que desató más de mil arrestos preventivos para impedir la asistencia de disidentes católicos a las misas papales. Durante la misa Papal al aire libre en La Habana, Andrés Carrión Álvarez, actuando por cuenta propia gritó «abajo la revolución» y otras consignas, y fue filmado mientras un policía encubierto le entraba a golpes y se lo llevaba arrestado. Entre los disidentes arrestados y heridos en un violento operativo policial estaban Sonia Garro, de la Fundación Afrocubana Independiente y su esposo el disidente Ramón Alejandro Muñoz quien fue encarcelado en la prisión del Combinado del Este.

También en julio de ese año muere el líder católico opositor Oswaldo Payá en un sospechoso accidente automovilístico cerca de Bayamo. Con él viajaban el opositor pacifico cubano Harold Cepero, también fallecido, Ángel Carromero, líder juvenil del Partido Popular Español y un joven político sueco. Meses después agentes del gobierno arrestan y golpean al Fisicomatemático Antonio Rodiles líder del grupo opositor pacifico Estado de SATS. También en el 2012, seis mujeres del Movimiento Rosa Parks Pro-Derechos Civiles fueron arrestadas, golpeadas y arrastradas en Santa Clara. A una de ellas, el «Seguroso» —como apodan a los miembros de la Seguridad del Estado— Yunier Monteagudo le rompió el labio de un golpe. Durante este año, más de 25 disidentes pacíficos sostuvieron una huelga de hambre en protesta por la violación de los derechos humanos de los disidentes.

Ahora te mencionaré otros hechos de violencia política en el año 2013, año en que efectuaron un promedio de 500 arrestos mensuales.

Ese año arrestaron y golpearon a varios manifestantes pacíficos en Santiago de Cuba, a José Daniel Ferrer líder de UNPACO, y preso político del grupo de los 75. También arrestaron y golpearon de nuevo a Guillermo Fariñas en La Habana. En junio detienen nuevamente, junto a otros, a Ramón Muñoz, líder de la Fundación Independiente Afro-Cubana. Su esposa Sonia Garro, miembro de las Damas de Blanco fue encerrada en una celda de castigo durante 10 días sin atención médica y sin poder asearse. Sonia continuaba detenida en la prisión del Guatao desde marzo del 2012 sin que se le haya celebrado juicio. En marzo del 2013 Yris Tamara Pérez Aguilera, miembro del Movimiento Rosa Park pierde el conocimiento al ser golpeada por la policía.

En marzo del 2013 Yris Tamara Pérez Aguilera esposa de Jorge Antúnez y miembro del Movimiento Rosa Parks pierde el conocimiento como resultado de los golpes que recibió de manos de agentes de la Policía Nacional Revolucionaria (PNR).

En abril, decenas de Damás de Blanco fueron detenidas en La Habana, entre ellas Yaima Naranjo, Niurka Cardona, Mariela Rodríguez, Aimé Garcés y otras. Ese mes, el preso político Luis Enrique Santos Caballero se declaró en huelga de hambre y Calixto Ramón Martínez comenzó seis meses de arresto por ejercer el periodismo independiente.

En septiembre, más de 500 Damas de Blanco participaron en actos de protesta pacífica y unas 100 fueron arrestadas en nueve provincias de la isla. Ese mes, en la ciudad oriental de Bayamo arrestan por varias horas al líder de UNPACU José Daniel Ferrer. También encarcelan al rapero Ángel Yunier

Remón (El Critico) en Las Mangas donde fue torturado y contrajo el Cólera. En Baracoa, Oriente, la represión contra disidentes incluyó el arresto y condena de José M. Rodríguez Navarro y el arresto y golpeadura de Yunier Rodríguez Matos. En Banes, Holguín, entre arrestos y allanamientos estuvieron los de Alex Rodríguez, Gertrudis Ojeda y su hermana encinta Janet Vergara a quien también golpearon y posteriormente apedrearon su casa.

En el mes de noviembre la economista Martha Beatriz Roque, diabética crónica de 68 años de edad pasó la noche protestando pacíficamente frente a una estación de policía en la calle Zanja en La Habana. A las 7 de la mañana siguiente una perseguidora la obligó a montarse para llevarla a la casa. En el viaje, dos mujeres del MININT la golpearon sin parar. Al llegar al edificio donde vive Martha Beatriz en la calle Belascoaín, la sacaron del automóvil y la arrastraron por 31 escalones hasta llegar a su apartamento. La policía impidió el acceso a la vivienda. Dos vecinos que estaban en su casa colando café la recibieron golpeada, hinchada y con todo el cuerpo amoratado.

En Santa Clara y Sancti Spíritus arrestaron a miembros de la Coalición Central Opositora. En Matanzas y en Santiago de Cuba cientos de agentes del gobierno golpearon y dispersaron marchas pacíficas de las Damas de Blanco.

Sabes Polo, haciendo este recuento histórico pienso que la violencia política actual ha incluido la tortura y otras formas extremas de abuso mental y físico ejecutados, tolerados o inspirados por nuestros gobernantes.

Polo —Tienes razón. Ya me contaste de casos recientes de tortura como el Shakira, el Balancín, o la Nevera. Estas y las celdas de castigo de escasos metros cuadrados con un hueco el suelo de donde salen ratas e insectos son prácticas comunes en las cárceles revolucionarias. Recuerdo esa forma legal de violencia que fue la esclavitud, la cual duró en Cuba más de tres siglos e incluyó desde el trabajo forzado extremo hasta torturas como el «bocabajo» donde se acostaba a los esclavos sobre una plancha para azotarlos; o el castigo a latigazos del esclavo atado a un poste o a una escalera. Y ello como castigo por alguna infracción, o para poner orden y dar el ejemplo en el Batey. Muchos mayorales, contra-mayorales y hacendados de la época veían los latigazos, violaciones a las mujeres, y captura de cimarrones con perros de presa que mutilaban o despedazaban a las víctimas como castigos merecidos por el esclavo negro, o en todo caso necesarios. En algunas ocasiones los esclavos rebeldes se vengaban de sus amos con igual saña.

Obviamente, la enumeración completa es imposible; pero sí te puedo constatar que la violencia y las torturas practicadas durante la esclavitud fueron parte de la cotidianeidad de las haciendas, ingenios y plantaciones cubanos que dependían económicamente del régimen esclavista y cuyos dueños temían que los esclavos se rebelaran, como sucedió en el caso haitiano. Para que tengas una idea de la gran presencia del esclavo en las plantaciones y villas te añado que en 1544 la población de esclavos negros, unos 800, superaba a los 600 habitantes españoles; y eso sin contar alrededor de 5,000 indígenas. Para 1662 los negros y mulatos esclavos eran la mitad de la población.

En el censo de 1774, la población negra esclava seguía siendo la mitad de los blancos. Pero en 1817 había casi tantos negros esclavos como blancos en la isla. El total de negros traídos a Cuba y vendidos como esclavos entre 1740 y 1865, año de la última trata transatlántica ascendió a más de medio millón, lo que señala la magnitud y el impacto social que tuvieron la práctica de la tortura y otras formas de violencia encaminadas a intimidar, amansar y reeducar al esclavo.

El papel de la esclavitud fue aún más trascendente en la Cuba colonial debido a la concentración geográfica de blancos y esclavos. En 1817 la población de Cuba era de unas 600,000 personas concentradas en dos jurisdicciones, Habana donde vivía la mitad de la población y que incluía a Guanabacoa, Matanzas, Trinidad, Sancti Spíritus, Remedios y Villa Clara: y la jurisdicción Cuba que incluía a Santiago de Cuba, Bayamo, Holguín y Baracoa.

La práctica esclavista colonial no fue la única forma de tortura o de crueldad inhumana antes de la república. Durante la colonia los Voluntarios de la corona violaban a mujeres desafectas y daban golpizas a los detenidos que conspiraban contra España. A veces, luego de asesinar a sospechosos los destrozaban y exhibían sus cadáveres. Al coronel Fermín Valdés Dominguez los voluntarios españoles le sacaron las uñas de los pies con unas tenazas. Los cadáveres del general Antonio Maceo y de su ayudante Panchito Gómez Toro fueron descuartizados a machetazos.

La violencia de la época colonial generó su propio vocabulario como «guásimar», es decir cuando los mambises colgaban de una guásima a los españoles, a cubanos guerrilleros y a los traidores, espías o desertores de sus filas. Por su parte los españoles llamaban «mambisear» al acto de degollar a aquellos sospechosos de simpatizar con la causa mambisa. Máximo Gómez ejecutó personalmente a bandidos, ladrones y especuladores capturados por su tropa.

La tortura se practicó regularmente durante los años republicanos. La ingestión forzada de aceite de ricino se administraba a los oponentes del primer gobierno de Batista. Anteriormente, la «porra» machadista, un grupo de choque del gobierno creado en 1930, propinaba a sus oponentes culatazos y golpeaduras brutales con macanas y practicaba la tortura en los centros de detención. Durante la dictadura de Batista de 1952 a 1958 sobraron casos de presos a quienes les sacaban las uñas y fracturaban los dedos de las manos con instrumentos de tortura, les aplicaban descargas eléctricas en los genitales, los golpeaban con un tipo de palo llamado «bicho de buey» y los sometían a vejaciones.

A estos tipos de tortura la revolución añadió una nueva; la práctica sistemática de técnicas de reeducación social, empleadas en años anteriores por regímenes totalitarios de ultramar. Entre estas últimas está la tortura psiquiátrica por motivos políticos, es decir, el confinamiento en hospitales psiquiátricos, principalmente Mazorra en La Habana y en Santiago de Cuba, de personas críticas desafectas o apáticas al socialismo, a las cuales se les administra sesiones de terapia electroshock y dosis excesivas de drogas psicotrópicas como la toracina. El uso indiscriminado de estas drogas, junto a golpeaduras, amenazas y otros maltratos a pacientes cuya única enfermedad era el desacuerdo con el gobierno ha sido condenado como un acto de tortura institucionalizada por numerosos expertos médicos y organismos internacionales. De estos casos, Cecilia, cientos han sido comprobados, y quizás haya hasta miles sin denunciar.

Cecilia —Polo, desde hace años oigo muchos comentarios de mis colegas sobre la psiquiatría política; pero no sé, me parecían exagerados. Ellos me decían que los internados políticos en Mazorra llegaban allí bajo la custodia de agentes de la Seguridad del Estado tras ser interrogados y sedados para su traslado al Hospital Psiquiátrico de La Habana. En las provincias el proceso era parecido. Por ejemplo, en Santa Clara a los detenidos en la sede del MININT situada frente al aeroclub en la carretera Central cerca de Placetas, un enfermero psiquiátrico les administraba drogas psicotrópicas cuando el propósito de la detención era obtener información. Si además, la Seguridad deseaba neutralizar o reeducar al preso, conducían a este al Hospital Militar de Santa

Clara en el Reparto Riviera, donde se le sometía a una o más sesiones de electroconvulsión o a dosis de drogas psicotrópicas.

La mayoría de estos casos de psiquiatría política no tienen un registro de admisión u hoja clínica donde aparezca el diagnóstico y el tratamiento. Por esa razón es prácticamente imposible determinar cuántas personas son sometidas a tratamientos psiquiátricos involuntarios por razones de carácter político. Sin embargo, los pocos expedientes conocidos indican que son comunes los diagnósticos de esquizofrenia paranoica, aunque también aparecen «Patologías» tales como apatía al socialismo o «ilusión» de ser defensor de los derechos humanos.

Ahora recuerdo que durante una de sus visitas a Cuba, mi tía América —la que se exilió en Miami— me contó la historia de Nicolasito, como le decían los cubanoamericanos a Guillén Landrían, sobrino del gran poeta cubano. Nicolasito sufrió cuatro reclusiones en el Hospital Psiquiátrico de La Habana que sumaron 5 años por ser desafecto a la revolución y exhibir sus cuadros en exposiciones organizadas por grupos independientes de la sociedad civil.

Durante su hospitalización lo sometieron a 20 sesiones de electrochoques y dosis diarias de pastillas psicotrópicas. En 1989 Nicolás llegó muy desmejorado a Miami donde visitaba las casas y oficinas de amigos y simpatizantes para vender sus cuadros y ganarse la vida. Mi tía le compró uno abstracto, y un dibujo de Gretel, su pareja, que lo acompaño en muchos de sus periplos miamenses y lo cuidó como pudo.

Recuerdo con igual asombro la hospitalización de José Alvarado, un joven de 16 años cuya locura consistía en pedir asilo político en la embajada de Colombia. Durante su interrogatorio al ser detenido por la Seguridad del Estado Alvarado recibió la opción de confesarse culpable o de lo contrario ir a Mazorra donde sería violado por los locos. Al negarse, éste fue internado durante un mes en Mazorra donde recibió 3 sesiones de electrochoque y varias dosis diarias de pastillas psicotrópicas.

Otro caso que me contó mi tía fue el de Juan Manuel Cao, un joven expulsado del Instituto Cubano de las Artes y la Industria del Cine (ICAIC) donde estudiaba cinematografía, quien fue detenido en Villa Marista durante 17 días bajo acusación de propaganda anti gubernamental. Cao fue transferido a Mazorra por 2 días donde fue obligado a injerir drogas psicotrópicas y posteriormente encarcelado por tres años en varias prisiones de La Habana. Este caso de reclusión psiquiátrica es notable porque al llegar a Miami en 1988 lo contrataron como productor en el Canal 23 de Univisión, y resultó ganador de un premio periodístico Emmy. Cao también escribe para el periódico El Nuevo Herald y es un miembro distinguido de su comunidad.

Te podría citar otros casos, más de veinte, que mis compañeros médicos me relataron, pero me viene a la mente el de Ariel Hidalgo, autor de un libro de texto universitario sobre los trabajadores y el pensamiento socialista en Cuba. Pues bien, al protestar en 1980 por un acto de repudio contra estudiantes fue detenido en Villa Marista en dos ocasiones. En 1981 fue transferido por 10 días a la Sala Carbó Serbía de Mazorra junto a unos cien delincuentes comunes que padecían de enfermedades mentales serias y donde tuvo que sobrevivir entre los reclusos en medio de excrementos, violaciones, golpizas y ataques de orina y saliva.

Polo —Desde antes de la revolución, Mazorra tuvo fama de malos tratos a sus pacientes. Veo que lo novedoso ahora es su uso sistemático como arma de represión e intimidación a la oposición pacífica.

Cecilia —Ahora me doy cuenta que no hemos tocado otro tipo de violencia política que a pesar de su ubicuidad, tendemos a pasar por alto al describir la cultura política cubana. ¿Qué te parece la violencia desatada contra uno mismo?

Polo —¿Quieres decir cuando uno mismo se cause algún daño físico, o llevado al extremo...?

Cecilia —Exacto; el suicidio político deseado y causado por uno mismo. No digo el suicidio accidental o de carácter pasional o amoroso, o el causado por una enfermedad mental más allá de una depresión tolerable, o de una pobre autoestima. Y no porque estas causas no sean relevantes ya que Cuba muestra una de las más altas tasas generales de suicidio del mundo y la más alta en América Latina. Pero me gustaría que nos concentráramos en el suicidio que se puede atribuir a causas políticas porque lo cometen figuras políticas en momentos de agitación social, sin que hayan mostrado algún tipo de enajenación anterior, o porque estas explican sus motivos antes de quitarse la vida. Digamos, por ejemplo el desengaño con un partido o causa política, el sentirse culpable o ser acusado por fracasar en actividades o misiones políticas o militares, o como alternativa a ser capturado por un enemigo, o como escape a un cautiverio insoportable.

Polo —El tema que has tocado es interesante, y creo que te puedo dar un trasfondo histórico.
Durante los siglos XVII y XVIII grupos de negros esclavos mandingas se suicidaban esperanzados en disfrutar una vida mejor en el más allá. En 1876 Henry Reeves, el inglesito mambí se suicida. Un año antes, el general Calixto García intenta suicidarse para evitar caer prisionero. Llega la República, y en 1931 el capitán Arturo del Pino se insubordina y

se suicida después de un tiroteo con la policía. El 9 de noviembre de 1933 el comandante Ciro Leonard se suicida en el Castillo de Atares al fracasar el alzamiento contrarrevolucionario de militares y abecedarios antimachadistas. El 5 de mayo de 1947 Manuel Fernández Supervielle, alcalde de La Habana, se suicida de un tiro en el pecho. En 1951 el líder del partido político Ortodoxo Eddy Chivas se suicida en medio de su alocución en una emisora de radio habanera.

El comandante Jacinto Menocal se suicida el primer día después de la huída del general Fulgencio Batista el 31 de diciembre de 1958.

El 17 de octubre de 1959 se suicida Manuel Fernández, exministro del Trabajo de la joven revolución cubana. También en 1959, el comandante del Ejército Rebelde Feliz Lugerio Peña, presidente de un tribunal revolucionario se suicida luego de que Fidel Castro revoca la absolución de un grupo de aviadores militares de Batista. Le sigue el revolucionario Raúl Chirino. El comandante de la Sierra Eddy Suñol se suicida con su pistola calibre 45.

En los años sesenta se suicida el comandante revolucionario Alberto Mora, hijo de Menelao Mora, quien murió en el ataque al Palacio Presidencial el 13 de marzo del 1957. En 1965, Nilsa Espín, revolucionaria y cuñada de Raúl Castro se suicida en el despacho de Raúl. Su muerte no se maneja públicamente y su nombre no aparece en el panteón de los héroes revolucionarios cubanos. También en 1965, ocurre el intento de suicidio del ministro Augusto Martínez Campos. Un año después, se suicida el Dr. Juan Díaz Veronda, después de recibir maltratos en la prisión de La Cabaña.

Cecilia —Y mi tía América me contó que el expresidente de Cuba, Carlos Prio Socarrás elegido democráticamente en 1948 murió exilado en Miami tras suicidarse en abril de 1977.

Un notable suicidio político fue el de Haydee Santamaría, Heroína del Moncada, miembro del Comité Central del Partido Comunista Cubano y Directora del Instituto Oficial de Cultura Casa de Las Américas. Su suicidio ocurrió un día antes del 26 de julio de 1980 fecha emblemática del Movimiento 26 de julio del cual fue fundadora y dos meses después de los hechos de la Embajada del Perú, el éxodo del Mariel, los actos de repudio, y la muerte de 50 personas que fallecieron cuando las embarcaciones el Obo Yumi y el XX Aniversario en que navegaban hacia E.U.A. fueron embestidas y tiroteadas por fuerzas militares cubanas. Haydee había visitado a los sobrevivientes del hundimiento poco antes de suicidarse.

Otro expresidente de Cuba, el revolucionario Osvaldo Dorticós Torrado se suicida en junio de 1983.

Los suicidios continuaron entre la dirigencia revolucionaria cuando en 1989 los coroneles Rafael Álvarez Cueto, jefe de Finanzas y Enrique Sicard, jefe de Inteligencia del Ministerio del Interior (MININT) se suicidan, aparentemente avergonzados o presionados por el escándalo del caso Ochoa cuando el MININT fue un blanco destacado de las acusaciones hechas durante el juicio.

Otros dirigentes también se suicidaron hacia finales de 1980, entre ellos, el exministro de Finanzas Rodrigo García León, Jorge Enrique Mendoza, y Jesús Manuel Suárez Estrada miembros del Comité Central del Partido Comunista Cubano (PCC).

Creo que cabe añadir los suicidios de Beatriz y de Laura, hija y hermana respectivamente del expresidente chileno Salvador Allende, las cuales residían en Cuba acogidas por la revolución.

Polo —Después de compartir tantos recuerdos contigo tengo que concluir que nuestros gobernantes han auspiciado o contribuido a la violencia como si esta fuera algo normal o inevitable, bien se tratara de guerras, guerrillas, cuartelazos, exilios, magnicidios, actos de repudio, torturas físicas, mentales, o psiquiátricas; y veo que hasta el suicidio de carácter político.

Pero dime tú que viviste en la isla hasta el 2013, ¿cómo resumes la violencia política en Cuba durante todos los años del castrismo?

Cecilia —Bueno. No voy a tratar de resumirla toda, porque eso es imposible. Pero al menos te puedo relatar lo que conocí, o lo que me llegó de fuentes confiables antes de salir de Cuba.

Hasta donde los datos y estimados conservadores lo permiten, han ocurrido alrededor de 30,000 muertes en combates contra guerrillas e invasores en el territorio nacional, o en guerras extranjeras. A eso, súmale más de 10,000 muertos por fusilamientos, ejecuciones extrajudiciales, desaparecidos, fallecidos por negligencia médica, etc.

Se calcula que más de 30,000 balseros han muerto tratando de escapar de Cuba, ahogados o devorados por los tiburones, o abatidos por militares cubanos.

En cuanto a las torturas, hay otros miles de casos; tú y yo mencionamos algunos, incluyendo los enviados a hospitales psiquiátricos que son cerca de mil. Los golpes y abusos propinados en calles y cárceles son tantos que ni trato de añadirlos al conteo.

Durante más de cinco décadas la revolución ha encarcelado a más cubanos que cualquier otro régimen anterior. Los arrestos breves, suman al menos 250,000 aunque la cifra podría llegar a 1 millón.

Pero bueno, algún día la historia será más precisa al narrar el capítulo de violencia que sufrió Cuba en nombre de la revolución.

Polo —También se me ocurre que la violencia política está asociada a manifestaciones extremas del caciquismo, el fanatismo y la intransigencia. Y creo que en algunos casos la violencia política está relacionada con el concepto subyacente de la muerte, como un destino ideal y ofrenda a la patria redentora. Recuerda que nuestro himno nacional ya nos plantea irrevocablemente que «morir por la patria es vivir» El mismo Máximo Gómez dijo que «los que mueren serán los mejores»; y en la guerra de 1968 ya se escucha el lema «independencia o muerte». Aún antes, José María Heredia, en su Himno del Desterrado dice que «la constancia encadena la suerte, siempre vence quien sabe morir». Y en 1850 Marina Manresa escribió antes de su muerte a balazos en un tiroteo contra los españoles que «el sepulcro de la patria es la gloria eterna».

La muerte es a la vez una obsesión y un ideal fijos en el pensamiento de José Martí. En Abdala, Martí dice «Qué dulce es morir cuando se muere luchando audaz por defender la patria», «que la sangre de los buenos no se derrama en vano»; o, «mujer más bella no hay que la muerte». Y Martí va más allá en su discurso en el Liceo de Guanabacoa en 1879 cuando dice «¡Muerte! ¡Muerte Generosa! ¡Muerte Amiga! Seno Colosal donde todos los sublimes misterios se elaboran: miedo de los débiles; placer de los valerosos; satisfacción de mis deseos: paso obscuro a los restantes lances de la vida...».

Cecilia —Y estas no son sólo algunas frases aisladas sobre la muerte. Te puedo añadir que en un reciente Diccionario Martiano se citan 79 frases escritas o pronunciadas por Martí sobre la muerte.

Polo —Es cierto, el culto a la muerte política como un ideal patriótico a ser emulado continúo durante la república.

Recuerdo la frase del gran ensayista y poeta cubano Emilio Ballagas «Oh suelo en que estaré ¡por fin! Dormido». Aún en 1901 durante la ocupación norteamericana, el periódico La Discusión pública una caricatura planteando el lema de «Independencia o muerte», frase que Fidel adoptó como «patria o muerte». En un discurso en 1955 José A. Echevarría, «Manzanita», recordó la frase «los derechos de los pueblos no se mendigan, se arrancan. No se conquistan con lágrimas sino con sangre». Y dijo en otra ocasión «yo muero en esta». En el mismo año de 1955 Fidel Castro predijo que «en1956 seremos libres o mártires».

En una estrofa de El Mambí, canción patriótica cubana, una mujer mambisa declara ante el cadáver de su esposo muerto en combate «y desde entonces fue más ardiente, Cuba adorada mi amor por ti». Es decir, el amor a la patria exaltado a través de la muerte.

En 1957 el líder estudiantil del Directorio Revolucionario Joe Westbrook dijo «seremos libres o moriremos con el pecho acribillado a balazos».

También en la lucha armada de los '50 contra Batista el joven Villareño «Chiqui» Gómez escribe en un poema, «besa su frente la dama blanca, de los que deben morir temprano».

Sigo. Recién estrenada la revolución, el Comandante Ernesto «Che» Guevara expande el tema al pronunciar y llevar a la práctica una frase que pudiera ser un retrato de los revolucionarios de la época: «El odio implacable hacia el enemigo nos impulsa por encima y más allá de las limitaciones naturales del hombre y nos transforma en efectivas, violentas, y frías maquinarias de matar.

Y, años más tarde, en 1971, el excomandante rebelde Hubert Matos escribía desde la prisión a su esposa Maria Luisa «la libertad llegará cuando mis ojos estén fríos y sin luz, o cuando ese minuto final este demasiado próximo».

Por otro lado, y en contraste a lo anterior el choteo, la burla, o el menoscabo de la muerte y la violencia también fueron parte de la música popular, publicaciones y representaciones artísticas en la Cuba del diecinueve. Inclusive, ese gran conocedor de la incipiente cultura criolla del choteo D. José de la Luz y Caballero nos aconsejaba, «ríe, pero escucha».

A veces pienso que el choteo, lejos de mitigar la violencia política le ha restado importancia a la misma y ha facilitado su aceptación tácita en la cultura política cubana, así como vimos que la exaltación patriótica de la muerte como ideal semi religioso también ha sido un catalizador de la violencia política.

Por ejemplo, en los albores de la república, el choteo de la violencia política se musicalizó en una conguita criolla que anunciaba la llegada del general y presidente de la nación Mario García Menocal y que decía: «Ahí viene el mayoral sonando el cuero», es decir repartiendo golpes. Y otra del trio Matamoros en 1928 titulada La Bomba Lacrimosa, o sea de gases lacrimógenos que rezaba «Hoy lo que pasa en La Habana, solo lo sabe mi moza: juegan los guardias con gana, con la bomba lacrimosa.

Cecilia —No conocía las canciones, pero sí te digo que hoy en día, a pesar de todos los abusos y dificultades de la vida diaria, la gente bromea en la calle sobre los abusos y defectos de los represores segurosos, o los chivatos del gobierno: sobre los errores de la revolución, o el carácter de sus dirigentes, o los problemas del diario.

Polo —Sin embargo, recuerdo que a principios de la revolución el choteo respaldó la violencia política en una mezcla de odio, indolencia, y vulgaridad. Durante meses, la gente salía manifestando por las calles y gritando consignas como «somos socialistas palante y palante y al que no le guste (la revolución) que tome purgante»; o «pin pon fuera, abajo la gusanera». En fin, tomando a la ligera o festivamente cosas como la tortura, o la marginalidad a los que discrepen. También recuerdo que durante la crisis de los cohetes en 1962, cuando Rusia retiró los cohetes de Cuba, salieron a la calle grupos que gritaban «Nikita, mariquita, lo que se da no se quita». Eso, en un momento en que el mundo estuvo cerca de una guerra nuclear, cuando Fidel le pidió a los rusos que lanzaran los cohetes emplazados en Cuba. De nuevo, el choteo pasaba por alto las consecuencias que una guerra nuclear traería para Cuba y el resto del mundo.

Cecilia —Quiero que sepas que he aprendido mucho sobre la violencia compartiendo tantos recuerdos contigo. Pero dime Polo, ¿fue la violencia una consecuencia de la desunión, de las diferencias entre nuestros líderes políticos o quizás de la intransigencia en las esferas políticas?

Polo —Buena pregunta. Empecemos en 1868 oteando la desunión entre los jefes mambises durante los 10 años que duró la primera conflagración.

Capítulo III

DESUNIÓN, CACIQUES, E INTRANSIGENCIA

Polo —Supongo que has oído que los primeros mambises cubanos fueron los de la guerra larga del 1868, la cual se libró mayormente en la manigua y caseríos de las provincias del centro y oriente de Cuba. En ese año, la mayoría de la población cubana vivía en unas diez ciudades de dichas provincias. Por otra parte, Habana y La Habana, que se mantuvieron casi al margen del conflicto eran respectivamente la provincia y la ciudad más pobladas de Cuba.

Cecilia —¿Pero Polo, por qué La Habana no participó en la guerra?

Polo —Al estallar la guerra, los plantadores y hacendados de La Habana eran los más ricos del país, y temían que La Demajagua fuera el principio del fin de la esclavitud. Muchos, incluyendo a intelectuales criollos se dividían entre anexionistas, como los del Club de La Habana, reformistas, integristas y separatistas, mientras que un grupo más pequeño reclamaba la independencia. También hubo desunión antes y durante la guerra entre el Club de La Habana y la Junta Cubana de Nueva York, lo que redujo la ayuda de los cubanos en los E.U.A. a los mambises. Tampoco los cubanos en buena parte de la isla apoyaron a los sublevados. Fue una época en que los cubanos sufrieron divisiones regionales entre La Habana, próspera y cosmopolita, paradero de las flotas, y las ciudades del centro y el oriente, cuna de mambises cultos educados en Europa y los E.U.A., aunque aislados, y con un estilo de vida rural. El mismo Carlos Manuel de Céspedes dijo en 1872 que «cuando veo a tantos cubanos indiferentes en su patria, o que han virado sus espaldas a la patria para estar con su familia, me siento avergonzado». Además, había grandes diferencias derivadas de intereses económicos, del odio, el temor, o el prejuicio racial, de la creciente influencia de los E.U.A. y del apego a la herencia cultural española, a pesar de los crecientes abusos e intolerancia de la metrópoli. Pero déjame volver a las divisiones entre los mambises del 1868.

Los alzamientos de 1868 comenzaron con un juramento y un grito de libertad seguidos por una constitución o declaración formal de independencia que otorgaba las decisiones de la guerra al gobierno civil de la Republica en armas. Esto no le gustó a los jefes mambises orientales y del centro de la isla que diferían de los constituyentes en estrategia militar y otros menesteres de la guerra. Los gobernantes republicanos en armas, hacendados en su mayoría, llegaron a destituir al mismo Presidente y Padre de la Patria, que habían elegido solo años atrás y a quíen dejaron abandonado a merced de los españoles en una finca en las estribaciones de la Sierra Maestra. Pero Cecilia, esa no fue, ni remotamente, la única desunión o división entre los guerreros cubanos del 1868. Lo sé porque he sido amante y estudioso de la historia de Cuba, tarea que compartí como periodista y escritor antes y después de la revolución de 1959.

Por ejemplo, al año de comenzada la guerra, Donato Mármol intenta reemplazar al presidente en armas Carlos Manuel de Céspedes, y convertirse en dictador. Muchas de las diferencias entre los primeros jefes militares de 1968 fueron de carácter regional entre caudillos acaudalados que se alzaron en armas contando con sus propios recursos económicos y con sus empleados, simpatizantes y esclavos liberados, entre 1868 y 1869, en el oriente y centro de Cuba. Las diferencias entre Carlos Manuel de Céspedes e Ignacio Agramonté llevaron a este último a renunciar en 1870. Y un año después el primero destituye al General Manuel de Quesada antes de darle la oportunidad de renunciar a su cargo. Así continuaron las destituciones renuncias, conspiraciones e insubordinaciones entre jefes mambises, todo ello en medio de una guerra contra fuerzas españolas mucho más numerosas y mejor equipadas. Hay más, mucho más; por ejemplo, en 1872, Carlos Manuel de Céspedes destituye por desobediencia al ya General Máximo Gómez como jefe en el Oriente y lo traslada.

El año de 1874 fue un año repleto de desavenencias y actitudes intransigentes. Tras la destitución de Carlos Manuel de Céspedes se conspira en Las Tunas para destituir al nuevo presidente Salvador Cisneros Betancourt. El teniente coronel José Sacramento León «Payito» se insubordina al general Calixto García. Cisneros pide a Vicente García que se dirija a Las Tunas para detener a los rebeldes. Este se niega. Calixto García se retira a Holguín y la Cámara de Representantes de la República en Armas dicta una amnistía contra los tuneros insubordinados. Continúa el año con la difamación de Antonio Maceo por jefes de la zona de Las Villas, y con una crítica de Máximo Gómez a la Cámara o gobierno en armas anotada en su Diario de Guerra. Al año siguiente hay conflictos entre los jefes orientales generales Calvas y Vicente García, así como la sedición o manifiesto de protesta firmado por Vicente García en Lagunas de Varona, en Oriente y la invasión a Las Villas por parte de Máximo Gómez desobedeciendo órdenes del gobierno en armas.

Tras la difamación a Antonio Maceo, éste fue obligado a abandonar su puesto de segundo jefe del ejército y se le continuó negando ascensos debido al color de su piel. También en ese año de 1876 los jefes militares villareños, entre otros, objetan la jefatura de Máximo Gómez por no ser éste cubano. Tampoco están conformes los de Camagüey, entonces llamado Puerto Príncipe. A finales de la década la ayuda de los patriotas cubanos radicados en Nueva York decae, los seguidores de Donato Mármol se rebelan y cunde la deserción entre oficiales mambises. Termina la guerra y a Máximo Gómez lo acusan de pacifista por aceptar la Paz del Zanjón y a Maceo lo traicionan en la Guerra Chiquita subsiguiente.

Para los cubanos, la guerra larga no resolvió sus diferencias sobre la esclavitud, ni logró erradicar el prejuicio racial de las filas mambisas. La guerra del 1868 estuvo plagada de desacuerdos y divisiones entre civiles y militares, y entre las regiones de Cuba. El Congreso destituyó al Presidente de la Republica en Armas violando la constitución de Guáimaro, hubo rebelión contra los mandos y prejuicios raciales contra oficiales mambises intachables; en fin, las intrigas y traiciones se sumaron a la incapacidad de civiles y militares de lograr acuerdos y salvar las diferencias entre los caciques militares regionales y entre estos últimos y el gobierno de la república en armas.

Cecilia —Pero Polo, a mí me enseñaron cuando era niña que los mambises forjaron una patria libre al filo del machete, en heróicos combates librados en la manigua redentora. Después, cuando llegué al Pre la narrativa cambió un poco y ya el legado no fue de una Cuba libre y soberana sino el de una república neocolonial que no obtuvo su verdadera independencia hasta 1959. Pero volviendo a los mambises, ¿cómo pudieron ellos librar una guerra tan desigual en medio de tantas intransigencias, traiciones, e indisciplina?

Polo —Bueno, es muy cierto que a pesar de los desacuerdos entre jefes mambises, la guerra de 1868 fue un ejemplo de patriotismo, sacrificio, y valentía por parte de un ejército que conspiraba o combatía sin experiencia militar, aventajados en número y armamento contra un ejército infinitamente más poderoso de una gran potencia europea.

Aparte del valor de los patriotas ejecutados por conspirar, los torturados, presos etc., el ejército mambí, como tal, libró batallas y campañas militares ejemplares en las jurisdicciones del oriente y en el centro de Cuba, principalmente en Puerto Príncipe. Estoy seguro que alguna vez oíste hablar sobre las batallas de Jimagüayú, La Sacra, Palo Seco, Santa Rita, Rio Blanco, y Las Guásimas entre las más citadas de la Guerra de 1868. Y a esto, añádele miles de emboscadas y ataques, el cruce de la trocha de Júcaro a Morón y tantos otros ejemplos heroicos del sacrificio de familia vidas y hacienda y el rigor de sostenerse por años en los campos de Cuba, comiendo lo que apareciera.

Cecilia —Oyéndote hablar sobre desunión me viene a la mente Martí, quien logró unir no solo a los militares del 1895 sino también a los líderes y miembros de la emigración cubana en los E.U.A. y también a cubanos en otros países. Martí logró en 1895 lo que no se pudo lograr durante la guerra de los diez años; ¿no crees?

Polo —Sí, aunque no del todo; es decir, logró convencer a los jefes del 1868 a retomar las armas y aunó voluntades y recursos dentro y fuera de Cuba para librar una nueva guerra de independencia. Pero también, antes, durante y después de 1895 hubo desacuerdos y recelos entre el gobierno en armas y los jefes militares mambises y entre estos y el mismo José Martí.

Por ejemplo, algunos cubanos culpaban a los E.U.A. por el fracaso de la guerra de los diez años; Martí y Máximo Gómez tenían serias diferencias sobre la jefatura de la guerra; y es bien conocido que Martí fue tildado de Capitán Araña por sus detractores cubanos. Claro que para 1895 ya el liderazgo de Máximo Gómez, y Maceo como jefes militares, y el de Martí como jefe civil, había sido aceptado por los grupos beligerantes, los jefes militares del 1868 y la nueva generación de oficiales. Aún así volvieron los desacuerdos. Dos años después de iniciada la guerra del 1895 hubo serios desacuerdos entre Gaspar Cisneros Betancourt y Máximo Gómez y entre Maceo y Masó, mientras que Calixto García era acusado por algunos cubanos de la deposición de Carlos Manuel de Céspedes en la guerra anterior. En 1896, en Camagüey, el secretario de la guerra del gobierno de la república en armas le recordó a Máximo Gómez que el «no era más que un extranjero». A su vez, los autonomistas cubanos no tardaron en plantear alternativas a la revolución mambisa que llevaba la tea incendiaria por todos los rincones de la isla.

Durante la etapa de transición desde el fin de la guerra y la ocupación norteamericana al inicio de la república saltan las diferencias sobre si se debe mencionar a Dios en la constitución. El Estado Mayor del Ejército Mambí destituye al generalísimo Máximo Gómez por apoyar el plan de los E.U.A. de pagar a los mambises para que depusieran las armas. Y Máximo Gómez difiere del gobierno mambí sobre la intervención de los E.U.A. y la Enmienda Platt. También destituyen a Gonzalo de Quesada como representante de Cuba en la capital norteamericana. En 1901, el independentista Salvador Cisneros Betancourt, Conde de Pozos Dulces, envía una carta a D. Tomas Estrada Palma en desacuerdo con el apoyo de éste a la Enmienda Platt y critica a Máximo Gómez por negociar secretamente con los E.U.A. a espaldas de la Asamblea de Santa Cruz, el consejo de gobierno cubano en ese momento. El 26 de diciembre de 1901, en Puerto Príncipe, una turba apedrea al general Máximo Gómez acusándolo de traidor.

La nueva etapa de Cuba republicana generó nuevas divisiones entre los antiguos reformistas, anexionistas, e independentistas, algunos también divididos entre sí. La intransigencia de los líderes políticos cubanos se hizo evidente al llegar las elecciones de 1905 y 1906.

Ante el fraude electoral de esos años, el asesinato del líder liberal Enrique Villuendas y el despido arbitrario de empleados públicos no afines al gobierno, el general José Miguel Gómez y otros generales mambises se alzaron en armas con una tropa liberal de 24,000 hombres.

El recién reelecto presidente Tomas Estrada Palma rechazó las quejas liberales así como las propuestas de estos y las de funcionarios norteamericanos para que se llegase a un acuerdo.

Estrada Palma, sin un ejército capaz de enfrentar a los alzados, renunció irrevocablemente a la presidencia, admitiendo que prefería la libertad garantizada por la intervención de los E.U.A. bajo la Enmienda Platt, a una guerra civil inevitable y nefasta para el país.

La intervención norteamericana no resolvió las divisiones entre los líderes políticos y militares cubanos, ni tampoco la incapacidad de estos de lograr pactos y compromisos que evitaran la violencia política.

Seis años después, en 1912, el líder político negro Evaristo Estenóz se subleva en desacuerdo con la Ley Morúa, que prohibía los partidos políticos de una sola raza y ya, al filo de la Primera Guerra Mundial, los conservadores cubanos acusan a los liberales sublevados de ser «germanófilos».

En el siguiente quinquenio, después de serias desavenencias, Alfredo Zayas rompe con su correligionario el general mambí José Miguel Gómez, y crea el Partido Popular. Durante el periodo electoral de 1916-17 el liberal José Miguel Gómez alza la bandera del fraude electoral y se subleva contra el conservador reelecto Mario Garcia Menocal, mayor general del Ejército Libertador Cubano, a pesar de que su correligionario liberal y candidato presidencial Alfredo Zayas no se une a los rebeldes. Muchos políticos liberales se dividen en torno al alzamiento, mientras que los conservadores se dividen internamente por la reelección de Menocal. El ejército también se divide a favor o en contra de los alzados en la «Guerrita del 17" o la Rebelión de la Chambelona como también se conoce este episodio. El general y exministro Gerardo Machado rompe con su aliado liberal José Miguel Gómez y con Carlos Mendieta para dirigir una sección del partido liberal. Otro ejemplo de desunión fue que desde el fin de la guerra de 1895 los negros cubanos mambises fueron discriminados en sectores de la economía, los puestos públicos y la política, tanto por parte de los norteamericanos como de los criollos, inclusive, oficiales e intelectuales mambises blancos. Claro que hubo numerosas excepciones. Todas estas divisiones y desavenencias fueron ejemplos de la desunión e intransigencia que perduraron durante la república precastrista. Pero saltemos a Gerardo Machado. ¿Lo has oído mencionar?

Cecilia —Sí, en lo poco que cuenta la revolución sobre la república lo mencionan como un dictador sanguinario derrocado por los estudiantes con el respaldo del pueblo.

Polo —Eso es cierto, pero aquello fue más complicado. El general Machado fue un oficial mambí en la guerra del 1895, y salió electo presidente en 1925. Cuando terminó su primer mandato constitucional acudió al fraude y la corrupción en el ejército y el Congreso para re-elegirse ilegalmente, desencadenando un periodo de caos social y extrema violencia que culminó en su renuncia. A su vez, los que se opusieron a Machado rechazaron cualquier transacción o salida política al machadato y exigieron una renovación total revolucionaria, palabra ya empleada anteriormente por los mambises. Machado renunció en agosto de 1933. Desde años anteriores a su renuncia comenzaron a crearse al menos trece partidos y grupos políticos, además del grupo Directorio Estudiantil Universitario (DEU), y el grupo ABC. Todos estos grupos se fueron dividiendo internamente. Un desprendimiento del «ABC» se convierte en el ABC Radical y El «DEU» se divide creando el Ala Izquierda Estudiantil. Pero aparte de estas divisiones entre grupos civiles y partidos políticos, la caída de Machado fue seguida de una participación política activa de un grupo de sargentos y clases del ejército liderados por un sargento taquígrafo llamado Fulgencio Batista y Zaldívar quien se convirtió, junto a grupos radicales de izquierda, demócratas y nacionalistas, en un líder de las fuerzas democráticas y revolucionarias de la época. Instalado en el campamento militar de Columbia, Batista lideró exitosamente una batalla entre soldados del ejército y un grupo de militares de carrera y veteranos mambises acampados en el Hotel Nacional, convirtiéndose así en el hombre fuerte de Cuba.

Cecilia —¡Oye, qué rollo!: que enredado fue todo esto. Batista, el dictador que fue derrocado por la revolución en 1959, aliado a grupos de izquierda comunistas, nacionalistas, y anarquistas opuestos a la dictadura Machadista; y con otros, opuestos a la Enmienda Platt norteamericana, y por otra parte sargentos y soldados del ejército enfrentándose a oficiales y veteranos mambises.

Polo —Lo fue. Pero eso pasó, así como te lo cuento. Ahora, la desunión no terminó ahí. Todos estos partidos y grupos, como el Ejercito del Caribe, La Joven Cuba, el Partido Revolucionario Cubano (Auténtico) y el Ala Izquierda Estudiantil continuaron dividiéndose y oponiéndose a otros líderes, también demócratas, como el Dr. Gran San Martín, quien llegó a ser Presidente de Cuba de 1944 a 1948. Inclusive, el partido comunista estaba dividido sobre el liderazgo de un intelectual como Rubén Martínez Villena.

Te añado a la confusión que en este periodo del 1933 al 1940 se eligieron ó nombraron de dedo a ocho presidentes de la Republica. Los militares y el congreso depusieron a Miguel Mariano Gómez, y el ya coronel Batista gobernó de facto desde el campamento militar de Columbia hasta que fue elegido democráticamente en 1940.

Cecilia —Polo, a nosotros no nos enseñaron nada de eso. Para la mayoría de los cubanos en la Isla la revolución verdadera comenzó con el derrocamiento del dictador, general Batista el 31 de diciembre de 1958.

Polo —Lo sé, pero si alguien conocía los antecedentes que acabo de contarte era el mismo Fidel Castro quien participó como líder estudiantil en las luchas estudiantiles y actos de violencia que ocurrieron en Cuba en las décadas del 1940 y el 1950, y que leyó y estudió los avatares de la Cuba republicana.

Ahora bien, la desunión no desapareció con la elección a la Presidencia de Ramón Grau San Martín en 1944 y Carlos Prío Socarrás en 1948.

Dos años después de ser electo, Prío crítica públicamente al movimiento obrero cubano y los auténticos (PRC) se dividen entre los líderes Tony Varona y el líder obrero Eusebio Mujal Barniol. Llega a Cuba el 10 de marzo de 1952 día en que el senador y expresidente general Fulgencio Batista liderea un cuartelazo deponiendo al presidente electo de Cuba antes de las elecciones presidenciales convocadas a dos meses vista.

Esta vez, Batista gobierna como un dictador impidiendo a concejales electos opuestos entrar al edificio del ayuntamiento, suspendiendo las garantías constitucionales y violando la autonomía universitaria entre otros ejemplos mucho más graves de violencia e intolerancia.

El golpe de estado de Batista no logra unir a la oposición. Los miembros del Partido Ortodoxo están divididos en grupos encabezados por caciques políticos o intelectuales como Jorge Mañach y Carlos Márquez Sterling, por un lado y Roberto Agramonte y Millo Ochoa por el otro. Otros opositores de Batista, civiles y militares, también estaban desunidos; por ejemplo, el movimiento de García Bárcena (MNR) y la Triple A (Amigos de Aureliano Sánchez Arango). Los batistianos también estaban divididos, aunque en menor grado, como fue el caso del general Tabernilla y Nicolás Pérez Hernández «Colacho», por no citar a Salas Cañizares quien obedecía al general Batista y a nadie más.

Entre las aparentes contradicciones de la época te digo que en 1953, el partido comunista de Cuba (PSP) condenó por igual al 26 de julio y al general Batista. En el mismo año el coronel Alberto Del Rio Chaviano llevó preso a La Habana al comandante Rafael Morales Álvarez también oficial del ejército en Santiago, acusándolo de conspiración.

Las divisiones y traiciones en las filas de Batista continuaron desde 1953 hasta la misma caída del régimen. En 1954 se conocieron las diferencias personales entre el ministro Hermida y Rafael Diaz-Balart, senador, ministro de Batista, y además cuñado y enemigo jurado de Fidel Castro Ruz. En 1957, aparte de otras diferencias sobre la estrategia militar del gobierno contra los rebeldes de la Sierra, se produjeron intrigas y traiciones por parte del general Tabernilla contra el coronel Pedro Barrera y posteriormente contra el mismo general Batista.

Un año después, en las postrimerías de la dictadura batistiana se producen deserciones masivas en el ejército y arreglos con la guerrilla rebelde. El comandante Quevedo, del Ejército Nacional se rinde a Fidel Castro y los comandantes Villamil y León, al «Che» Guevara. Ambos oficiales son encausados por Batista posteriormente.

Quizás, Fidel Castro mismo es el mejor ejemplo del individualismo, el caciquismo y la intransigencia; y ello desde los mismos inicios de su insurrección el 26 de julio de 1953. Su famoso comentario «dentro de la revolución todo, fuera de la revolución nada» es una versión tropical de la frase de Benito Mussolini que «Todo debería estar dentro del estado, nada fuera de él».

En 1954 en una carta desde la prisión de Isla de Pinos a su colega del Partido Ortodoxo Luis Conté Agüero, Fidel Castro critica el exceso de caciques y la indisciplina y sugiere «no perder tiempo tratando de unir». La desunión entre los opositores a Batista incluyó a estudiantes y comunistas por igual, los primeros por desacuerdos entre estudiantes de la Universidad de La Habana y de la Universidad de Santiago de Cuba y los segundos en su condena, tanto a Batista como al Movimiento 26 de Julio. O sea, existía una profunda desunión entre Batista y sus opositores, así como entre los partidos y líderes políticos de la oposición misma representados por José Pardo LLada, y Tony Varona; o entre grupos estudiantiles dentro de la FEU, o entre los ideólogos comunistas del Partido Socialista Popular (PSP) de Cuba.

Tampoco hubo mucho respaldo a los esfuerzos del líder cívico Cosme de la Torriente —respetado pero no seguido— para llegar a un compromiso político con el general Batista.

En el año 1956 mientras aumentaba la represión de la dictadura batistiana, dirigentes del 26 de julio boicoteaban o infiltraban a la Federación Estudiantil Universitaria (FEU) y al PSP (comunista), mientras que Fidel Castro se oponía a la conspiración antibatistiana del coronel Barquín. Faure Chomón, del Directorio Revolucionario, veta a jóvenes auténticos y Jorge Valls y Urdanivia renuncia un año después, en desacuerdo con el terrorismo y los sabotajes del 26 de julio (M-26-7).

Fíjate Cecilia, que cuando llega el 1957 la desunión, el caciquismo y la intransigencia política dejan a Batista cada vez más aislado, a los Auténticos y Ortodoxos buscando elecciones, cada uno por su cuenta, a los estudiantes y algunos líderes católicos divididos entre la FEU y el Directorio Revolucionario 13 de Marzo; y a los sindicalistas atomizados entre batistianos, comunistas y seguidores de los partidos políticos tradicionales.

En medio de este caos Fidel Castro se mantiene firme en contra de toda unión mientras refuerza el liderazgo del M-26-7 denunciando el ataque a Palacio el 13 de marzo del '57, rehusando cualquier compromiso político con Batista y oponiéndose a conspiraciones dentro del Ejercito Constitucional.

Cecilia —Pero Polo, ¿no hubo ningún intento de la oposición de al menos coordinar sus esfuerzos, de apoyarse mutuamente, aunque actuaran por separado?

Polo —Si, hubo algunos; inclusive el mismo depuesto presidente Prío y otros donaron decenas de miles de dólares al M-26-7 y a grupos antibatistianos y se reunieron en México, Caracas y otras ciudades tratando de unirse. Pero eso nunca cristalizó. Ya en 1958 Batista había perdido el apoyo de los E.U.A., y de muchos de sus generales y simpatizantes que no creían que las elecciones convocadas para ese año pudieran solucionar la crisis política en que vivía el país. Al ser derrotado el ejército en las provincias centrales y orientales de la isla por fuerzas militares rebeldes de la Sierra y el Escambray, Batista huye de Cuba después de la medianoche del 31 de diciembre de 1958.

Cecilia —Polo, la historia de esa época que nos enseñaron en la escuela pasaba por alto el tema de la desunión, o la lucha de los grupos políticos contra Batista en las ciudades y en el Escambray. Era como el misal de una epopeya de héroes rebeldes hermanados en la Sierra, luchando contra los males de la república y pariendo, como sugiere la canción de Silvio, la revolución antiimperialista que nos trajo la verdadera independencia.

Polo —Sin embargo, la oposición a Batista fue mucho más que eso. Antes, los estudiantes habaneros manifestaban bajando desde la escalinata de la bicentenaria universidad habanera hacia San Lázaro e Infanta, donde casi siempre los enfrentaba la policía con bichos de buey y mangueras de agua a presión. Los periódicos criticaban al gobierno (cuando no había censura), la oposición organizaba mítines públicos, arengas radiales y editoriales y sátiras en la prensa escrita y el clandestinaje realizaba sabotajes a diarios. Ahora, después de la revolución del 1959 el tema de la desunión toma un cariz distinto a cualquier desunión anterior, es decir la desunión histórica entre grupos organizados con recursos independientes y el gobierno; o entre facciones revolucionarias. Una vez eliminada la oposición a la cúpula del poder revolucionario de 1959, la desunión solo ha existido entre la dirigencia política integrada por un pequeño grupo de hombres bajo un máximo líder y todo aquel que estuviera en desacuerdo, revolucionario o no.

Cecilia —Bueno, seguro que fue así hasta que Fidel se enfermó, pero ¿y con Raúl? ¿Qué crees?

Polo —Creo que Fidel es un personaje único imposible de imitar. Por otra parte Raúl sería el heredero de un sistema cerrado que no permite nada fuera de la revolución... ni siquiera las protestas pacíficas o reuniones públicas de los disidentes.

Cecilia —Y cómo explicar históricamente que primero el Comandante en Jefe y después su hermano han sido los únicos jefes máximos de todas las instancias de poder; las Fuerzas Armadas Revolucionarias (FAR), el partido político único (PCC), la jefatura del estado, y del gobierno las organizaciones de masas, y a veces hasta de carteras ministeriales e institutos técnicos y científicos, todo al mismo tiempo.

Polo —Ah! Te lo explico enseguida con ejemplos concretos. Desde los primeros meses del triunfo de la revolución del 1959 nadie ha podido oponerse al líder, ni siquiera discrepar de él sin sufrir consecuencias a corto plazo. La clase política cubana subestimó la capacidad de Fidel durante los primeros tiempos de la revolución y pensaron que los procesos políticos nacionales anteriores resurgirían corregidos y aumentados. Pronto, los más afortunados pudieron bajarse del tren de la revolución sin mayores consecuencias. Así sucedió con los primeros presidentes y ministros representantes de la sociedad republicana de Cuba como el Juez Manuel Urrutia y la Dra. Elena Mederos, seguidos de cerca por figuras públicas como Felipe Pazos, Justo Carrillo y Faustino Pérez. El caso de Hubert Matos, comandante histórico de la revolución y uno de los principales comandantes rebeldes del M-26-7 en la Sierra Maestra fue un ejemplo del precio que había que pagar, no ya por conspirar, sino tan solo por disentir de algunas acciones o ideas del máximo líder revolucionario. Su simple crítica y renuncia al cargo le costó 20 años de cárcel.

En el primer año de la revolución los rebeldes del Segundo Frente y estudiantes del Directorio Revolucionario 13 de Marzo protestan tras ser ignorados en las decisiones del gobierno y se alojan con sus armas en el Palacio Presidencial. En cuestión de días, Fidel pronuncia en un discurso la famosa frase «armas para qué» y el DR-13 de Marzo se desarma y desaloja el Palacio, hoy museo de la revolución.

En marzo del 1959, Fidel anula de dedo la decisión absolutoria de un tribunal revolucionario a favor de exaviadores de Batista, y cambia los miembros del tribunal, lo que resulta en la condena ulterior de los aviadores.

Un año después comienza la depuración de revolucionarios y comunistas tradicionales como Enrique Oltuski al que siguen otros líderes comunistas como Blas Roca, Aníbal Escalante y otros revolucionarios. Las purgas de 1960-62 incluyen a líderes de los antiguos partidos republicanos Auténticos y Ortodoxo así como a líderes del propio M-26-7 y otros revolucionarios anti-batistianos como Manuel Artime y el comandante Víctor Paneque. Ambos se separan de la revolución y se exilan en los E.U.A., mientras que unos de los principales líderes clandestinos antirevolucionarios, Rogelio González Corso «Francisco», muere en Cuba fusilado.

El mismo Monseñor Enrique Pérez Serantes, arzobispo de Santiago de Cuba, quien le salvó la vida a Fidel Castro al caer éste preso tras el asalto del M-26-7 al cuartel Moncada, criticó en una pastoral la penetración comunista en la revolución. Días después de esta Pastoral milicianos gubernamentales penetraron en la catedral de La Habana cantando la Internacional comunista.

El exilio masivo cubano así como el de casi todos los líderes de la sociedad civil de la República comienza en los albores mismos de la revolución y adquiere proporciones nunca vistas en la historia de Cuba.

Pero no todos los protagonistas de la cultura política cubana opuestos al gobierno revolucionario abandonaron la isla. En el año de 1960 cientos de trabajadores eléctricos marcharon al Palacio Presidencial en una protesta anticomunista. Su líder Amaury Fraginal fue amenazado con el paredón de fusilamiento.

En cuanto a la sociedad en general, la gran división de la familia por causas políticas se manifestó desde temprano en todos los estamentos de la Cuba revolucionaria.

La desunión asociada con líderes institucionales se hizo evidente en las purgas continuas de viejos comunistas, de antiguos miembros del M-26-7 y de líderes de partidos políticos republicanos que aún quedaban en la isla. Por ejemplo, entre los años '62 y '65, los dirigentes socialistas Marcos Rodríguez, Aníbal Escalante, David Salvador y Gustavo Arcos fueron despojados de sus cargos por diferir del camino revolucionario trazado por Fidel Castro. Otro «siquitrillado» palabra que se oía a menudo en los años '50 fue el ministro del trabajo, Augusto Martínez Sánchez. Efigenio Ameijeiras, comandante histórico de la Sierra es encarcelado y expulsado del Comité Central Del Partido Comunista. Un año después, el líder comunista Miguel Ordoqui y su esposa Edith Buchaca, también militante comunista, fueron expulsados de las FAR y del Ministerio de Cultura respectivamente. En esta purga de comunistas históricos fueron juzgados y condenados a prisión el líder Aníbal Escalante y 36 de sus camaradas. Las purgas o «depuraciones» palabra favorita entre los gobernantes fidelistas de la época continuaron casi sin interrupción, incluyendo la expulsión de estudiantes de la Universidad de Oriente por criticar públicamente a Fidel Castro.

Cecilia —Ahora que pones en perspectiva la desunión a lo Castrista me vienen a la mente muchos recuerdos de mi juventud.

Yo tenía 19 años cuando un grupo de atletas olímpicos cubanos desertaron en Cali, Colombia; o cuando en esa década se declaró ilegales a los Testigos de Jehová, al igual que a otras iglesias y grupos religiosos y homosexuales.

Yo me enteraba de muchas cosas, primero por mami que oía la radio de Miami y atendía muchos pacientes a los que ella llamaba cariñosamente Radio Bemba, ya que le contaban los chismes políticos del día. Después, en la universidad nuestros amigos de la Unión de Jóvenes Comunistas (UJC) nos comentaban sobre las cosas del partido. Y cuando mi tía América nos visitaba, ella se regodeaba con las notas oficiales que informaban, por ejemplo, que habían expulsado a Humberto Pérez del Comité Central del Partido, o con los rumores que estaban en aumento las deserciones de funcionarios cubanos en el extranjero.

El año de 1989 fue un año especialmente nutrido en desavenencias entre jerarcas revolucionarios del más alto nivel. El caso Ochoa y su secuela repercutió en toda la isla y el General de División Arnaldo Ochoa, Héroe de la Revolución y a punto de ser nombrado Comandante del Ejército Occidental fue fusilado acusado de traición y narcotráfico junto a Tony de la Guardia, Coronel del MININT, el mayor Amado Padrón y el capitán Jorge Martínez. Entre las bajas relacionadas con este caso estuvieron cuatro viceministros de cultura, y el ministro de la construcción Levy Farah Balmaseda. En Holguín se destituyó a todo el Comité Provincial y Municipal del PCC, así como a los administradores de las empresas más importantes y a los mandos militares y de la Seguridad del Estado. Además, se destituyó a siete generales, a Diocles Torralba (Vicepresidente del Consejo de Ministros) y Ministro de Transporte, se enviaron numerosos altos oficiales a prisión incluyendo a Patricio, jimagüa de Tony de la Guardia, y al poco tiempo se transfirió a las fuerzas armadas, bajo Raúl Castro, todas las funciones y recursos de la Seguridad del Estado del Ministerio del Interior de Cuba. En total, cerca de 500 funcionarios del Directorio de Inteligencia fueron separados de sus cargos.

Polo —¿Ves? La desunión, en sus múltiples formas sigue viva en la cultura política cubana, pero ahora es entre los máximos líderes y los que no les sigan fielmente, o acaso los cuestionen.

Cecilia —Sí. Y te cuento que apenas comenzada la década del '90, el comandante de la Fuerza Aérea cubana Orestes Lorenzo se llevó un MIG 27, lo aterrizó en Cayo Hueso y desertó. Después Carlos Aldana fue expulsado del Buró Político del Partido y destituido de todos sus cargos por conducta poco ética. Dicen las malas lenguas que se atrevió a sugerir que la revolución debería ser pluralista y multipartidista.

¡Ah! Y hasta al mismo Fidelito, el hijo mayor de Fidel lo tronaron, como se dice ahora, sabe Dios por qué. Por lo que haya sido, lo destituyeron como jefe de la Junta de Energía Nuclear en 1992. Entre otros revolucionarios y militares que se han ido separando de Fidel o han sido tronados por él están, el teniente coronel C. Cajaraville, de la contrainteligencia militar, Jorge Masetti (izquierdista hijo del guerrillero argentino), Dariel Alarcón excoronel del MININT y Juan Reinaldo Sánchez, exmiembro y entrenador de la guardia personal de Fidel, quien escapó de Cuba en el 2008 tras ser enviado a prisión. El caso más reciente de devorados por la revolución fue el del entorno de Ricardo Alarcón alto dirigente revolucionario desde el '59 y en un tiempo considerado el tercer hombre más influyente en Cuba. Pues bien, su asistente de entera confianza Miguel Álvarez y la esposa de éste, Mercedes Arce, ambos analistas del Directorio de Inteligencia del Ministerio del Interior Cubano han sido encarcelados y Alarcón mismo ha de haber estado bajo la lupa, a pesar de sus 77 años de edad y su historial revolucionario. Y entre los que se exilaron hace años, el de Juanita Castro hermana de Fidel. Pero la lista de tronados, como se dice ahora, es grande y en ella también estuvieron Fernando Ramirez de Estenoz, exviceministro de relaciones exteriores, el exministro de relaciones exteriores Felipe Pérez Roque, Carlos Lage, vicepresidente y secretario ejecutivo del consejo de ministros y Pedro Álvarez, exjefe de Alimport.

Un aspecto interesante de la desunión actual entre gobierno y disidencia consiste en la oposición pacífica al gobierno comenzada en los '70s que se ha venido perfilando y es cada vez más nutrida y conocida dentro y fuera de Cuba. Estos grupos opositores y disidentes reclaman la libertad, el pluralismo, y el respeto a los derechos humanos sin emplear o promover el uso de la fuerza o la violencia. Es una disidencia que respeta aunque a veces critica las diferencias entre sus líderes opositores. Estas organizaciones están esparcidas por toda la isla, tanto en pueblos como en capitales de provincia.

Las organizaciones pro-derechos humanos como El Comité Cubano de Derechos Humanos y Reconciliación Nacional (CCDHRN) surgieron espontáneamente en Cuba a mediados de los '70. Poco a poco han aparecido nuevos grupos, quizás más de 300 hoy en día, con matrículas diversas desde un puñado de asociados hasta cientos o miles de afiliados. Las nuevas organizaciones se agrupan según su residencia o intereses puntuales de los asociados en bibliotecarios, médicos, conyugues y madres de presos políticos (Damas de Blanco), y pro-derechos humanos como la Fundación Lawton, y el que te dije CCDHRN. También han surgido grupos de economistas, periodistas, y músicos independientes como José Luis Ferrer, escritores, blogueros como Yoani Sánchez, raperos, y trovadores como Silvito el Bueno, hijo del cantautor Silvio Rodríguez, Gorki Avila, y Ángel Yuniel Remón (el crítico), entre otros. Estos grupos comparten algunos puntos de vista, buscan un cambio pacífico en el gobierno, denuncian las violaciones a los derechos humanos y reclaman las libertades y derechos establecidos en la Declaración Universal de los Derechos Humanos, de la cual Cuba es firmante. En general estos grupos actúan independientemente y a veces están en desacuerdo en cuanto a sus estrategias políticas o posturas como los viajes de sus líderes al extranjero, el embargo norteamericano a Cuba o la ayuda proveniente de gobiernos extranjeros, principalmente los E.U.A. En general, se respetan mutuamente, a veces celebran reuniones, o convergen en coaliciones y firman declaraciones conjuntas o denuncias públicas.

Polo —Veo que sus funciones y estrategias son marcadamente diferentes a las adoptadas por los partidos y grupos políticos de la Cuba precastrista.

Cecilia —Es cierto. Déjame hacer algunas comparaciones históricas sobre el tema de la desunión, ya que existe una diferencia notable entre los grupos opositores actuales y los opositores o partidos políticos precastristas. Los primeros operan muy aislados y con escasos recursos, a diferencia de los grupos y partidos políticos republicanos que disponían de recursos sociales y económicos, inclusive para enfrentarse violentamente entre ellos, o contra el gobierno.

También, hay una gran diferencia entre la represión y la intransigencia ejercidas por las dictaduras históricas de la república y el totalitarismo revolucionario actual.

Me has contado que las dictaduras tradicionales cubanas como la de Machado, en 1933 y la de Batista en 1952 empleaban la violencia para gobernar el país al margen de la oposición. Pero aunque ellos reprimían violentamente a sus adversarios y enemigos políticos, no se interesaban en controlar las instituciones económicas, sociales y culturales que componían la sociedad civil. Por el contrario, los líderes cubanos actuales se niegan a dialogar, o inclusive a reconocer la existencia de líderes y grupos opositores, aunque los reprimen violentamente cada vez que lo consideran necesario. Además, las instituciones revolucionarias ejercen un férreo control sobre la vida económica, social y cultural del país. Por ejemplo, el estado cubano determina el salario y la ubicación del trabajador, reduce la membresía sindical a un sindicato único del gobierno, norma la cantidad de alimentos permitidos en el hogar, condiciona el acceso a la educación superior y la práctica profesional, prohíbe mudarse de provincia sin permiso del gobierno y censura las obras artísticas y literarias consideradas fuera de la revolución, al decir de Fidel. Los controles sobre estas y otras actividades acarrean penas que van desde advertencias y arrestos breves hasta meses o años de cárcel.

Capítulo IV

CORRUPCIÓN ACORDE A LOS TIEMPOS

Cecilia —Ha sido interesante repasar varios tipos de violencia y desunión presentes en Cuba bajo circunstancias muy diferentes. Ahora creo entender un poco mejor cómo la violencia y la desunión han ido caminando de la mano al menos desde el siglo XVIII. ¿Crees Polo, que ambas han sido las causas principales de los problemas políticos que ha tenido Cuba y que han contribuido en especial al desarrollo de la cultura política de la isla? ¿Pudiera haber otras causas?

Polo —Habría razones para pensar así, pero vayamos más allá en la búsqueda de aquellos elementos que han impedido el logro de tantos ideales patrióticos. Pero dime tú ¿se te ocurre algún otro?

Cecilia —Bueno, cuando era jovencita nos enseñaban que entre las lacras que heredamos de la república estaban la corrupción y el peculado, y que la revolución erradicó esos males típicos del capitalismo.

Polo —Me parece que para entender mejor esta práctica, tan común en muchos países, deberíamos analizarla solamente en el contexto cubano desde la primera vez que apareció en las crónicas y libros de historia de nuestra isla.

Cecilia —Imagínate; si la corrupción es tan antigua como la desunión y la violencia, seguro que empezarás por la colonia.

Polo —Anjá; un poco después de los primeros viajes de Colón. Desde entonces plantadores y comerciantes que residían en poblados del interior de la isla practicaban el contrabando con regularidad al no poder participar en el comercio generado por las flotas que hacían escala y se reunían en La Habana. Debido al aislamiento geográfico sobre todo de zonas del oriente de Cuba, como Bayamo, el contrabando surgió como algo práctico y necesario, al margen de su legalidad y fue creando una cultura separatista conformada por intereses y realidades regionales proclives a la corrupción de los funcionarios públicos que se encontraban igualmente aislados del gobierno en La Habana.

Imagínate el aislamiento de los primeros plantadores en estas zonas rurales donde los viajes largos se hacían por mar y los caminos por tierra eran escasos si no intransitables en los meses de lluvia. También el aislamiento de las primeras villas, sobretodo de La Habana, se acentuaba con la concentración demográfica de sus pobladores.

Por ejemplo, las primeras villas cubanas, con excepción de La Habana contaban con pocos habitantes. En 1607 La Habana tenía unos 10,000 habitantes, la mitad de toda la población de la isla. Cien años después, otras villas aún tenían pocos habitantes como por ejemplo Trinidad que solo tenía 5,600; Sancti Spíritus 8,200; Matanzas 3,200 y Villa Clara 8,100, mientras que La Habana creció a 99,309 habitantes.

En el siglo XVIII la sede del gobierno español en la isla, tanto sus instancias civiles como militares, radicaba en la ciudad de La Habana. Además de incluir el mayor núcleo poblacional de la isla, su puerto era el principal punto de llegada de los barcos con destino a América. También los barcos que partían del nuevo mundo con destino a Europa salían del puerto de La Habana. Allí se concentraba dos veces al año la llamada Flota que consistía en una flotilla de barcos cargados de metales y mercancías que zarpaban acompañados por galeones de la armada española. Para que tengas una idea del volumen del tráfico marítimo a través de La Habana, a principios del siglo XVIII, alrededor de 800 barcos, la mayoría de ellos norteamericanos entraron en el puerto de La Habana. Esa cantidad aumentó a unos 1,500 barcos en 1860.

También desde La Habana se controlaba la recaudación de impuestos que Cuba enviaba a la Corona, así como el monopolio comercial impuesto por España a los productos del Nuevo Mundo.

Este conjunto de factores facilitó el nepotismo en el nombramiento de nuevos cargos municipales, las regalías a escribanos que autorizaban la práctica de la abogacía y otras transacciones, así como las coimas que le tocaban al Capitán General por el tráfico de esclavos, estimadas en 1834 en unos 100,000 pesos al año.

Un ejemplo de la corrupción de los capitanes generales y oficiales de la Corona durante la época colonial fue el de Miguel Tacón y Rosique, militar de oficio, quien tras haber renunciado a sus cargos regresó a España y se construyó un palacio en Mallorca. La corrupción se popularizó en el choteo del que gustaban los primeros cubanos, llamados criollos a partir del siglo XVII. Durante la gobernación de Dionisio Vives el refrán; «si vives como Vives, vivirás» fue un refrán popular entre los habaneros de la época.

La corrupción política también estuvo presente en la isla durante las intervenciones norteamericanas que siguieron a la guerra hispano-cubano-americana. Bajo la tutela norteamericana la corrupción se ejerció desde las más altas esferas. El mismo gobernador general Leonardo Woods le pidió al influyente empresario Edwin Atkins que facilitara la elección de un amigo como alcalde de Cienfuegos. Atkins, a su vez, le pidió ese favor a un alcalde quien le aseguró que aquello era sencillo. Solo había que destruir las papeletas de los votos en contra. Ese no fue el único fraude electoral en las elecciones de 1900-1901. Después, en 1901, funcionarios norteamericanos protagonizaron un escándalo por el fraude de las tasas de correos donde se malversaron unos $300,000 dólares. En un juicio celebrado posteriormente dos norteamericanos, Rathbone y Neely fueron condenados a diez años de cárcel.

En 1902 llega el comienzo de la república y Don Tomas Estrada Palma es elegido presidente mientras residía en los E.U.A. De inmediato surge el escándalo del pago a los veteranos mambises por su servicio militar. Y militares cubanos, como el excoronel Miguel Tarafa y el futuro presidente Alfredo Zayas, este último encarcelado junto a otros, tratan de cobrar pagos inventando nombres y batallas de la guerra de independencia.

En Pinar del Rio, en las elecciones de 1904 al Congreso, Juan Gualberto Gómez obtuvo más votos que los votantes censados. Después, en las elecciones presidenciales de 1905 Estrada Palma es reelegido sin oposición en una elección en la que aparecieron 150,000 votos inventados. También en 1905, bajo el interventor norteamericano Charles Magoon, los cubanos inventan la palabra «enchufe» y después su sinónimo «botella», o sinecura.

En 1909 el general José M. Gómez es elegido Presidente y Alfredo Zayas Vicepresidente.

El periodo de 1909 a 1913 está lleno de prebendas, concesiones, indultos, amnistías, márgenes en contratas y otras formas de pagos ilegales. En estos años se vuelve popular la frase del general presidente José Miguel Gómez «Tiburón se baña, pero salpica». Es decir, el propio presidente apodado

«Tiburón» reconoce que es corrupto, pero al menos el reparte, a diferencia de otros políticos corruptos.

En 1909 se populariza la palabra «chivos» o negocios públicos que favorecen a los amigos de los gobernantes. En 1914 se compran votos repartiendo la mitad de billetes de $100 y entregando la otra mitad si ganaban los candidatos de los repartidores.

En los fraudes electorales de 1916 y 1920 se cuentan más votos que electores. En 1916, Mario Garcia Menocal separa la lotería de las cuentas nacionales. En el periodo de 1917 a 1920 se cobra por obras públicas no realizadas y se especula con víveres y permisos de exportación.

El choteo o burla de la corrupción política se mezcla con la indisciplina y el individualismo criollo en una famosa conga de los miembros del partido liberal de 1917, «La chambelona», que se cantó por varias generaciones en la Cuba republicana. La letra de esta decía «Ae, Ae, Ae la chambelona; Azpiazo me dio botella y yo voté por Varona...».

Mientras tanto, Menocal gobernó por decreto durante el resto de su periodo presidencial.

El fraude electoral continúa con la elección de Alfredo Zayas quien gobierna de 1920 a 1924. Y es el mismo Presidente quien al referirse a un proyecto de obras públicas confiesa «Tengo 30,000 razones (pesos) para aprobar el dragado de Cárdenas». Durante el cuatrienio se malversan préstamos obtenidos de los E.U.A. Además el gobierno del presidente Zayas compra el convento de Santa Clara cuya transacción dejó a Zayas una ganancia personal de $1 millón de dólares producto de comisiones.

Gerardo Machado, General del Ejercito Libertador fue el Presidente electo en elecciones honestas en 1925; y ni tardo ni perezoso prohibió la formación de nuevos partidos y agrupaciones políticas. La corrupción política continúo con asignaciones a senadores con fondos provenientes de la lotería nacional. Al año siguiente Machado concedió el contrato de la carretera central a una compañía de la cual él era accionista.

El año continúa con la corrupción en el ejército y la malversación de fondos, entre ellos los relacionados con la construcción del Capitolio Nacional. Durante el Machadato los puestos públicos se venden desde Palacio hasta por $100,000.

La corrupción política continúa en 1927 cuando el congreso propone modificar la Constitución extendiendo el mandato del Presidente por 2 años y después por 4 más. También extienden el periodo de senadores y diputados. Cuando llega 1933 solo 3 partidos son legales, el liberal, el conservador y el popular, los cuales reciben sinecuras de Machado. Acosado por la violencia en su contra y sin el apoyo de los E.U.A. Machado renuncia ese año y huye al exilio el 12 de agosto de dicho año.

Al poco tiempo de la caída de Machado el porrista Virgilio Pérez es acusado de malversar fondos del Ministerio de Agricultura. En 1934 Pérez es absuelto después de que las pruebas del asesinato de su amante desaparecieran del tribunal que lo juzgaba.

Durante el periodo de 1933 a 1940, Cuba tuvo 8 presidentes, —algunos brevemente, uno, por solo 1 hora—. Todos estos presidentes fueron escogidos o bendecidos por el sargento taquígrafo y golpista Fulgencio Batista, un militar mulato de origen humilde, ascendido posteriormente a Coronel y Jefe del Ejército. Batista fue elegido Presidente de la República en unas elecciones honestas en 1940. Su periodo gubernamental estuvo lleno de renuncias, deposiciones, nombramientos y sobornos relacionados con el peculado y el usufructo de recursos del estado. No obstante, después de 4 años en el cargo, ya convertido en General, Batista entregó la Presidencia al Presidente electo, el médico y profesor de medicina de la Universidad de La Habana Ramón Grau San Martín.

Batista dejó la presidencia de la República con un capital estimado en $20 millones de dólares que incluía fincas y propiedades y se mudó a los E.U.A. Durante el primer gobierno democrático de Fulgencio Batista, José M. Alemán fungió como jefe de Cuentas y Presupuestos del Ministerio de Educación. Allí se enriqueció en sociedad con Anselmo Alliegro entonces ministro de Educación, de Hacienda y Primer Ministro, simultáneamente. Parte de la riqueza amasada por ambos provenía del inciso K de la Ley de Ampliación Tributaria que facilitó el aumento del peculado a los niveles más altos del gobierno con total impunidad. Alemán, hijo de un general mambí pasó de ser un ciudadano desconocido de clase media a un poderoso multimillonario, dueño de valiosas propiedades en el estado norteamericano de la Florida.

En 1945, recién electo el Dr. Ramón Grau San Martín, el ministro Alberto I. Álvarez renuncia acusando al gobierno de corrupción. El año de 1945 continúa con el robo de la reserva de las pensiones no gubernamentales.

Al año siguiente, Juan Arévalo, jefe del Sindicato Marítimo es acusado de corrupción.

En mayo de 1946, José M. Alemán regresa a la palestra pública, esta vez como Ministro de Educación. Ese año, en Cuba se hizo popular la frase «La Divina Pastora». Ésta consistía en 20,000 nuevos empleos que en realidad eran botellas o sinecuras, o sea, empleos o puestos públicos, muchos de maestro, donde el empleado cobraba sin siquiera presentarse a su centro de trabajo.

Cecilia —Perdona que te interrumpa ¿pero cómo podían los políticos obtener todos esos millones de dólares cuando el peso cubano era la moneda nacional? Explícame.

Polo —Buena pregunta. En aquella época el peso cubano se cotizaba a la par del dólar y Cuba recibía en dólares los beneficios económicos de su producción de azúcar, cafe u otras fuentes derivadas de su relación especial con los E.U-.A. El caso de Alemán fue un típico reflejo del rápido enriquecimiento de numerosos gobernantes cubanos, tanto durante regímenes democráticos como dictatoriales, fueran estos adeptos a una u otra ideología o partido político, o con méritos, o parentescos mambises.

Entre 1945 y 1948 se multiplicaron las botellas o sinecuras, las coimas aduánales, comisiones de la lotería, compra de perdones, concesiones a contratistas, regalías y múltiples ejemplos de corrupción política.

En anticipo a las elecciones presidenciales de 1948, Alemán creo el BAGA, un organismo nombrado con las siglas del nombre de la familia del Presidente Grau. El BAGA entregó unos $30 millones extraídos de fondos del Tesoro a la candidatura de Carlos Prío y $10 millones a la candidatura a Senador del mismo Alemán. Durante la contienda electoral se gastaron centenares de miles de pesos y billetes de la lotería nacional en la compra de escaños congresionales, alcaldías y otros puestos públicos.

Alemán se enteró de los resultados de las elecciones de 1948 desde los E.U.A. donde se había radicado tras ser acusado en Cuba de sustraer fondos del Tesoro sin autorización o comprobante alguno. Al dejar Cuba enfermo de Cáncer, el patrimonio de Alemán se estimaba en veinte millones de dólares en efectivo y otros $200 millones en propiedades como el central azucarero Portugalete, el Club de Pelota Cubano Marianao y en Miami, FL., el cayo Biscayne, un estadio y una mansión. Ello, además de los carros de lujo, residencias y billetes en la gaveta de su escritorio ministerial con que premiaba a sus amigos o sobornaba a periódicos, asambleas y agentes electorales.

En general, la presidencia de Grau estuvo colmada de intimidaciones y escándalos de corrupción. El juicio en su contra tuvo que ser cancelado cuando sicarios del gobierno le entraron a tiros al local donde se efectuaba el proceso judicial y se robaron las pruebas de los archivos.

En 1949 el senador Pelayo Cuervo Navarro abrió la célebre causa 82 donde se acusaba al gobierno de Grau de haber robado $174 millones al Estado, entre ellos fondos utilizados en apoyo a la campaña electoral del también líder auténtico, Dr. Carlos Prío. El mismo Grau admitió el mal uso de los dineros públicos y defendió esto último como algo beneficioso para Cuba. El juicio por la causa 82 nunca se celebró.

Otro gran escándalo de corrupción política durante la presidencia de Grau fue el fraude relacionado con el Inciso K de la Ley No. 7 de abril de 1943. El texto de esta ley de Ampliación Tributaria estipulaba que una gran parte de las recaudaciones producto de esa ley se asignaran a la creación de nuevas plazas para maestros.

La corrupción política del gobierno de Grau tampoco escapó al choteo cubano. En los años cincuenta ya los habaneros habían apodado una fuente situada en la rotonda frente al antiguo Palacio de los Deportes como «el bidel o bidet de Paulina», en alusión a la cuñada de Grau, Paulina Alsina de Grau, quien fungió como primera dama durante su presidencia y a quien se acusaba de participar y beneficiarse de la distribución de fondos malversados por el gobierno.

En las elecciones parciales de 1950, el estribillo de la conguita liberal de 1917 «Ae la chambelona» volvió a hacerse realidad. En la campaña al senado, el líder ortodoxo Eddy Chivas obtuvo el respaldo inesperado del popular alcalde de Marianao Francisco Orúe. Ello, a pesar de que Orúe había recibido una coima en efectivo de su correligionario, el líder auténtico Virgilio Pérez.

Carlos Prío Socarrás fue democráticamente elegido presidente de Cuba en las elecciones generales de 1948. Al poco tiempo, acusaron a su hermano menor «Paco» Prío, quien era Ministro de Hacienda, de apropiarse de $3 millones de dólares. Después de haber sido oficialmente anulada una remesa de 47 millones de pesos en billetes de banco entregados al gobierno y destinados a la incineración, nadie efectuó la quema y dichos billetes continuaron circulando sin que el Presidente tomara acción alguna. En 1949, el presidente Prío distribuyó más de 1,000 cargos públicos a grupos de acción que ya protagonizaban un promedio de dos tiroteos semanales, sobretodo en La Habana y algunas batallas campales de vez en cuando.

Entre los grupos de acción más conocidos que recibieron coimas y se fajaban a tiros por las calles estaban las pandillas político revolucionarias, Unión Insurreccional Revolucionaria que recibió 120 cargos públicos; Acción Revolucionaria Guiteras, 200; el Movimiento Socialista Revolucionario, de Masferrer, 500: y el grupo del gánster Policarpo Soler, 600.

En 1950 surgieron más acusaciones de corrupción política contra el expresidente Grau y el Gobernador de La Habana, Panchin Batista. Ninguna tuvo consecuencias.

El 10 de marzo de 1952 dos meses antes de las elecciones presidenciales, el general y senador de la República Fulgencio Batista y Zaldívar protagoniza un cuartelazo, depone al presidente Prío y suspende la Constitución que él ayudó a promulgar y poner en vigor en 1940.

El cuartelazo de Batista envió a Prío al exilio. Años más tarde, Prío regresaría definitivamente al exilio en Miami, donde se suicidó, sin indicios de que poseyera la riqueza amasada por otros presidentes cubanos.

Tras el golpe de estado, Batista gobernó a través de un Consejo Consultivo nombrado por él.

Durante su segundo mandato, la corrupción continúo al igual que en regímenes anteriores. Batista cobraba el 30% de los contratos de obras públicas que a veces se financiaban con bonos emitidos por el gobierno. Los altos oficiales de la policía y el ejército como Pilar García y Dámaso Soza practicaban la corrupción puntualmente recibiendo coimas de los garitos y dueños de juegos al azar, o a través del chantaje como fue el caso de Ríos Chaviano a camioneros en Santiago de Cuba en 1953.

La magnitud de la corrupción tuvo poco que envidiarle al pasado. Por ejemplo, el capitán Pérez Chaumont apodado «Ojos Bellos» compró una casa valorada en $100,000 en el reparto Miramar, en Santiago de Cuba.

Entre los años 1954-56 el general Rafael Salas Cañizares, jefe de la Policía Nacional, recibió alrededor de $250,000 pesos mensuales en coimas de los prostíbulos, salas de juego, y otras actividades ilegales en La Habana. Después de su muerte en 1956 el producto de estas extorsiones pasaron directamente a manos del general Batista.

En los años cincuenta los negocios del juego en Cuba —no solo los casinos, sino también la lotería, la bolita, la charada y otros— generaban grandes cantidades de dinero. Para que tengas una idea, uno de esos negocios del juego apodado «La China» pagaba una coima de $50,000 dólares semanales.

Por otra parte, mientras se desarrollaba el período republicano, se instituyó la costumbre de enviar a la primera dama o a su representante una cantidad fija proveniente de las entradas de la lotería nacional. Esta práctica continuó durante Batista.

En 1956 un grupo de militares de carrera liderados por el coronel Ramón Barquín acusaron al régimen batistiano de corrupción en el ejército tales como el peculado, la servidumbre de soldados en fincas privadas, el juego ilegal manejado por jefes de regimiento y oficiales del régimen, prebendas ilegales y forcejeo. Además, acusaron al jefe de operaciones militares en Oriente de vender pases a la Sierra Maestra donde comenzaba a operar la guerrilla de Fidel Castro.

La corrupción política acompañada por la venalidad y el abuso del poder continúo ocurriendo tanto en el ámbito administrativo, como en el electoral y el judicial. En el ocaso del régimen del 10 de marzo el juez Alabau Trelles acusó al coronel Esteban Ventura Novo del asesinato de 4 jóvenes. Acto seguido, el Ministerio de Defensa invalidó la acusación y el juez Alabau Trelles huyó a los E.U.A. temiendo por su vida. En las elecciones convocadas para 1958 se falsificaron y distribuyeron papeletas electorales antes de la votación. El impresor de las papeletas recibió $10,000 por su trabajo.

El general Batista huyó de Cuba con su familia y allegados en la madrugada del 1º de enero de 1959. Según su propio secretario de prensa en el exilio, Suárez Núñez, la fortuna de Batista se calculó en aquel entonces entre 200 y 300 millones de dólares.

Otro millonario político fue Rolando Masferrer quien dirigió un grupo paramilitar de Batista y quien también lidereo grupos de acción armada en gobiernos anteriores. Al llegar en un yate a la Florida en junio de 1959 su fortuna se calculaba en unos $17 millones de dólares.

Cecilia —Polo, oyéndote hablar me parece que estos tipos de corrupción política tenían que desaparecer con la revolución. Yo solo tenía 7 años en 1959 así que no me acuerdo de haber oído nada sobre la lotería. Si acaso, desde que estaba en el «Pre» recuerdo que la revolución luchó contra Batista para eliminar el juego que controlaban los mafiosos norteamericanos. También que la ética revolucionaria condenaba los prostíbulos y las prebendas a oficiales militares que abusaban de su poder y usaban los recursos del pueblo para beneficio propio. Los acusaban de disfrutar la «Dolce Vita». La moral revolucionaria que pregonaba la revolución planteaba que los verdaderos revolucionarios debían vivir honestamente, sin lujos, más bien sacrificándose por Cuba y por la revolución. La pobreza era una virtud. Los ricos vivían bajo sospecha de ser deshonestos. Sin embargo, al no haber elecciones con la participación de partidos o grupos políticos desafectos al gobierno, el gobierno no necesitaba cometer fraude para ganar la consulta pública o robarse las boletas o intimidar a funcionarios públicos como sucedía durante la república. En todo caso, se le consultaba al pueblo en la Plaza de la Revolución. Era raro que acusaran a altos dirigentes de corrupción y cuando la prensa lo reportaba, siempre se condenaba al acusado. Y ni hablar de críticas a Fidel, o después a Raúl, porque a ellos se debía la independencia de Cuba, y los triunfos de la revolución, además de la erradicación del nepotismo, la corrupción y otros males de la era republicana. Dicho esto, Fidel y Raúl sí podían reconocer sus errores de vez en cuando. A fin de cuentas ambos estaban bien intencionados y dispuestos a rectificar errores.

Polo —Bueno, visto desde el prisma revolucionario, lo que dices tendría sentido. Sin embargo, debido a hechos que ocurrieron cuando eras una niña y después por tu dedicación a la medicina, se te escaparon algunas realidades de la era revolucionaria que te hubieran llevado a un análisis más amplio y detallado de la corrupción en la era de los hermanos Castro. Empiezo por decirte que fue un capítulo distinto a la corrupción republicana, quizás con rasgos propios y sin contrapeso alguno. Voy a empezar por el año 1959, cuando tú tenías 7 años.
En uno de los primeros intentos de eliminar la autonomía universitaria —foco histórico de rebeliones políticas— el

gobierno interviene en las elecciones universitarias. «Juntas» de estudiantes universitarios destituyen a profesores universitarios y nombran revolucionarios en su lugar.

Desde los primeros años y más allá del recinto universitario, la corrupción política de funcionarios públicos afectó al llamado cordón de La Habana, un plan de producción cafetalera fracasado. También miembros del gobierno revolucionario realizaban o permitían el contrabando de relojes y otras prendas.

Entre 1967 y 1973 burócratas del gobierno recibieron sobornos, regalos y concesiones de clientes y socios extranjeros. Varios fueron castigados secretamente a discreción del gobierno.

A partir de 1970 y hasta mi salida de Cuba funcionarios del gobierno se beneficiaban del robo de la carga —hasta el 4-%— de barcos mercantes antes de descargar y después en los muelles, almacenes y camiones de distribución. Otra práctica institucionalizada ha sido otorgar permisos de salida a cambio de apropiarse de las casas de los que se van.

Cecilia —Y ¿sabías que llegados los '80 el general Tony de la Guardia del Departamento de Moneda convertible (MC) del Ministerio del Interior, e íntimo de Fidel Castro, traficaba en el mercado negro a nombre del gobierno para importar mercancías y negociaba con el Cartel de Medellín y otros lancheros cubanos de Miami? Eso me lo dijo mi tía América, y ¿qué te parece si te digo que a Tony de la Guardia se le vió al menos una vez tomando café en el barrio cubano de la Pequeña Habana en Miami?

Polo —Él tenía fama de ser arriesgado y dispuesto a realizar cualquier misión que Fidel le encomendara.

Cecilia —Continúo con la corrupción en 1986 cuando el presidente de Angola, Dos Santos, solicita a Fidel Castro la destitución del General Leopoldo Cintra Frías como jefe de la misión militar cubana en Angola por contrabando de diamantes.

En 1987 arrestan, acusados de corrupción, a Luis Orlando Dominguez, Presidente del Instituto de Aeronáutica Civil y a Humberto Pérez, Presidente de la Junta Central de Planificación.

Un año más tarde, el Jefe de la Marina de Guerra, Contraalmirante «Pepito» Cuza y otros oficiales son expulsados deshonrosamente, en secreto, por actividades de corrupción.

Polo —Lo que dices corrobora la información que me llegaba en años anteriores. En los periódicos y otros medios oficiales, los actos de corrupción por parte de civiles y militares del gobierno se ocultaban a la opinión pública, aunque eran castigados secretamente y el castigo dependía de la fidelidad del corrupto a la revolución y al liderazgo de Fidel.

Cecilia —Por supuesto, ni todos los corruptos son castigados, ni todos los castigos permanecen en secreto. Todo parece depender de lo que le convenga al gobierno en un momento dado.

Polo —¿Al gobierno?

Cecilia —Sí, a Fidel, Raúl, o algún histórico de la cúpula gobernante. Curiosamente, los escándalos de corrupción que se destapan contra pinchos (militares), segurosos (miembros de la Seguridad del Estado) o macetas (negociantes) con cargos importantes, tienden a confirmar las sospechas de corrupción generalizada, tanto los casos que se reportan como los que no se reportan en los medios de prensa, todos propiedad del gobierno.

Polo —¿Recuerdas otros ejemplos de corrupción que resonaron en toda Cuba y recorrieron el mundo informados por la prensa oficial?

Cecilia —Claro que sí; cómo no. Ya te mencioné uno de los casos más sonados de corrupción, el del general Arnaldo Ochoa, los hermanos de La Guardia, militares del departamento de Moneda Convertible (MC) del Ministerio del Interior (MININT), y otros oficiales de las Fuerzas Armadas Revolucionarios (FAR). Desde 1980, si no antes, el general Tony de La Guardia, miembro del círculo íntimo de Fidel Castro, traficaba mercancías en el mercado negro y negociaba con narcotraficantes y lancheros de Miami.

Pues bien, en julio de 1989 Ochoa, Tony de La Guardia, el capitán Jorge Martínez y Amado Padrón fueron fusilados después de haber sido hallados culpables del tráfico de cocaína, marfil, y diamantes. El juicio de Ochoa fue transmitido y comentado por la televisión y la prensa oficial, y fue la comidilla del exilio cubano por mucho tiempo.

En una causa relacionada, el general Diocles Torralba, Ministro de Transporte fue sentenciado a 20 años de cárcel por corrupción. El ministro de la Construcción Levi Farah Balmaseda fue despedido de su cargo o «liberado» como se dice en Cuba. En el mismo año Emilio Aragonés, Presidente de CIMEX (corporación de importación y exportación) también fue condenado por corrupción relacionada con el caso de Max Marambio. Un oficial destituido en relación con el caso de Robert Vesco fue Carlos Alfonso, y otro oficial tronado, palabra cubana para describir a los destituidos, o separados de su cargo bajo sospecha de alguna falta, fue Luis Padrón (expresidente del Instituto de Turismo y

Supervisor de Cuentas Bancarias de Cuba en el Extranjero. Otros tronados fueron el Vice-Presidente del Comité Estatal de Precios y Finanzas y 2 Viceministros de la Construcción y de Agricultura. A finales del verano de 1989, José Abrantes, exministro del Interior fue acusado de corrupción.

Polo —Um, parece que el último quinquenio de la década de 1980 estuvo plagado de casos de corrupción.

Cecilia —Sí, incluyendo miembros de la cúpula revolucionaria, a incondicionales de Fidel dispuestos a cumplir cualquier misión que él les encomendara, e inclusive a un general a punto de asumir el mando del Ejército de Occidente, el más importante de la isla.

Polo —Pero, ¿por qué Fidel y Raúl purgaron a todos estos militares revolucionarios?

Cecilia —Quizás porque ellos y 6 ó 7 otros Históricos y duros decidieron tronar a un grupo de militares y a algunos civiles que se quejaban o se burlaban privadamente de Fidel. ¿Y qué mejor pretexto que acusarlos de lucrar, permitir o practicar algún tipo de corrupción?

Polo —Pero es que algunos eran héroes, o Históricos, o compañeros de Fidel del Moncada o de la Sierra que llevaron por decenios un estilo de vida lleno de favores, viajes, queridas, y lujos incosteables con sus salarios. ¿Sería posible que ni Fidel ni Raúl se hubieran enterado?

Cecilia —¡Qué va! Negativo. No con los sistemas de espionaje y contraespionaje de Cuba donde se sospecha de todo el mundo. Además las purgas y condenas por corrupción se extendieron más allá del 1989 e incluyeron a civiles, militares y miembros del partido. Es imposible que Fidel no conociera las actividades de estos revolucionarios. Las purgas del '89, por llamarlas de algún modo, fueron masivas, ya que un año después unas 700 personas, incluyendo hijos de dirigentes revolucionarios fueron arrestados por corrupción.

En 1992 Carlos Aldana, tercero en importancia en el Buró Político del Partido Comunista Cubano fue retirado de su cargo por corrupción.

En 1999 altos ejecutivos de la empresa Cubalse (Cuba al servicio del extranjero) y CIMEX, una cadena de tiendas que solo venden en moneda convertible son arrestados y enjuiciados. Roberto Robaina, Ministro de Relaciones Exteriores, es despedido de su cargo.

En el 2001 Cuba crea una Comisión para atacar la corrupción.

En la primera década del siglo 21 Max Marambio, empresario Chileno con negocios en Cuba y exjefe de la escolta de Salvador Allende, es convicto por corrupción. Marambio le vendía al gobierno cubano, casi con exclusividad, unos $100 millones anuales por el envase de jugos de frutas y lácteos. Durante la década del '80, Marambio y su hermano Marcel Luis obtuvieron contratos exclusivos con Cubana de Aviación para proveer publicidad, uniformes, y otros rubros. Marcel, director de la agencia turistica Sol y Son fue condenado por corrupción y otros delitos junto a 15 directivos de la empresa Cubana de Aviación, entre ellos el entonces presidente del Instituto de Aeronáutica Civil, el general Rogelio Acevedo González.

En el 2009 el empresario francés Jean Louis Autret es arrestado por corrupción. Dos años después lo condenan a 15 años de cárcel junto a su esposa y siete ciudadanos cubanos. Ese año el gobierno disuelve sin explicaciones la empresa Cubalse, anteriormente señalada por corrupción.

Entre el 2009 y el 2011 dos extranjeros de la firma Coral Capital Group son condenados y encarcelados por corrupción. En ese mismo periodo arrestan a funcionarios de las industrias de telecomunicaciones, aviación, níquel y tabaco. También arrestan al canadiense Cy Tokmakjian y al panameño Nessin Abadi. En el 2011 el gobierno investiga al empresario español José Fernández González.

Imagínate Polo cómo será la corrupción en Cuba que en el 2012 nada menos que el mismo Raúl Castro declaró públicamente y te cito textualmente que «la corrupción es más perjudicial que la subversión de los E.U.A. y socava los esfuerzos de reforma en casi todos los niveles de la vida cubana».

Polo —¿Dijo eso?

Cecilia —Lo dijo. Yo no sé si se le fue, o si lo dijo a propósito, pero así lo reportó la prensa cubana. Pero dijo más. Tú sabes que en Cuba todo lo gobierna el partido comunista, el gobierno, el estado, las organizaciones de masas. Pero oye lo que dijo Raúl, también en el 2012. «Los militantes comunistas de doble moral implicados en casos de corrupción, además de recibir el peso de la ley, serán expulsados del partido, una sanción que hasta ahora se reservaba a casos de traición a la patria o delitos graves...».

Polo —No sé lo que quiso decir Raúl, o por qué dijo lo que dijo. Ahora, se puede deducir de esta declaración que hasta entonces no se sancionaba la corrupción a no ser en casos de traición o delitos graves, lo que en Cuba significa grados serios de oposición o desacato a Fidel o Raúl, o corrupción no permitida o autorizada por la cúpula de gobierno. En todo caso la declaración absuelve a los militantes del partido de ciertos tipos de corrupción política o administrativa.

Además, esta declaración cabría dentro del dictado de Fidel «dentro de la revolución todo», así que supongo que ninguna corrupción fuera de la revolución se permitiría. Casi un año después, el canadiense Sarkis Yacoubian fue condenado a 9 años de cárcel junto al libanés Krikor Bayassalian al que le dieron 4 años de cárcel.

Ahora veo que la corrupción política ha sido un hecho continuo en la vida cubana y que la revolución no la ha erradicado como prometió en los años '50. Y comprendo que aunque omnipresente, la corrupción ha tenido sus variantes en cada época. Por ejemplo, ahora no se permiten pandillas callejeras subsidiadas por el gobierno fajándose a tiros por las calles. Claro que no hay pandillas, porque las armas son ilegales y aún los militares y policías tienen un acceso limitado a ellas. Los subsidios o coimas de ahora consisten en el reparto de casas y propiedades de los que se van del país, o son obligados a dejarlas a las fuerzas armadas y miembros del partido. O a las prebendas que reciben los familiares de la cúpula política militar. También ahora la mayoría de los corruptos corrompen en menor escala porque el país no tiene la riqueza de antes de la revolución. El lujo revolucionario, maquinas, viajes, joyas, casas, etc. está reservado a los más altos dirigentes en orden de importancia. Antes, las coimas, sinecuras y chantajes eran múltiples, variados y en gran escala. Ahora, el gobierno es dueño de todo y la corrupción relacionada con el juego, la prostitución y las inversiones extranjeras ocurre solapadamente para así proyectar ante el mundo una imagen pura de la revolución cubana. Además, las coimas y sobornos ocurren en situaciones más pedestres, como un turno para el médico, una licencia de bicitaxis, empleos en centros turísticos etc. El gobierno cubano ha monopolizado la corrupción política y administrativa en la isla. En pocas palabras, la corrupción revolucionaria está centralizada igual que el gobierno, e institucionalizada dentro del marco de las instituciones revolucionarias y la filosofía oficialista del régimen.

Cecilia —Ahora, aunque los informes de corrupción se manejan por la calle o llegan con los visitantes del norte, se sabe muy poco sobre el abuso del poder por parte de Fidel o Raúl: o sea, no es como los presidentes o ministros de la republica cuyas fortunas dentro o fuera del país eran bien conocidas y denunciadas por una prensa más o menos libre.

Polo —Sigamos comparando la corrupción antes y ahora. Probablemente, el mayor ejemplo de corrupción en la Cuba revolucionaria ha sido las llamadas Reservas del Comandante en Jefe. Apenas tomó el poder, Fidel andaba por toda Cuba con una chequera repartiéndole dinero a cualquier proyecto que se le antojara. Esto fue famoso y en aquella época muchos lo consideraron hasta simpático. Años después Fidel manejaba una cuenta, al margen de la economía, sin rendir cuentas a nadie. Pronto, la cuenta creció con recibos de numerosas fuentes. En 1970 se ingresaron fondos procedentes de la venta de ganado y el trasiego de vehículos y casas. En 1976 la cuenta poseía 7,000 unidades automotrices. Durante la guerra de Angola la cuenta recibió fondos de la Unión Soviética para el financiamiento de operaciones militares.

Cecilia —Después oí que la cuenta manejó dineros procedentes del narcotráfico, relacionados con la causa del general Ochoa, la Corporación CIMEX y el departamento MC, que manejaba el tronado Tony de la Guardia y con el Ministerio del Interior que dirigía el general Abrantes. Ellos y sus asociados cercanos terminaron en la cárcel o fusilados.

Las reservas del Comandante en Jefe también consistían en fondos provenientes de donaciones internacionales a Cuba, del turismo en la isla y de inversiones extranjeras. El alcance y la complejidad de las reservas son difíciles de establecer. Imagínate a un líder máximo nacional que administre —digamos en una cuenta revolucionaria— cuantiosas transacciones del país, sin rendir cuentas a persona o institución alguna y que dicha cuenta pudiera llegar a cientos de millones de dólares en efectivo, regalos e inversiones. Añádele que ese líder fuera intocable e inmune a las críticas o al escrutinio público so pena de ser encarcelado o ajusticiado.

Polo —¿Pero cómo has podido enterarte de algo tan secreto?

Cecilia —Pues me lo contó mi tía América en uno de sus últimos viajes a Santa Clara. La información va saliendo poco a poco de exfuncionarios del gobierno cercanos al tema, como el Secretario del Comité de Alimentación del Consejo de Ministros y Secretario de la Comisión de Divisas del grupo de la Alimentación, o el Secretario personal de Raúl Castro, o Marzo Fernández, el economista que manejaba la tarjeta de racionamiento.

Y todo, a pesar de que la revolución criticaba la sociedad capitalista de consumo y prometía formar un hombre nuevo, moral, modesto, solidario, humanista y frugal, consciente de las necesidades del pueblo. Ahora, deja que te cuente lo que dijo en Miami nada menos que el teniente coronel Juan Reynaldo Sánchez, miembro y entrenador de la escolta de la seguridad personal de Fidel Castro desde 1977, graduado de especialista en seguridad personal del Ministerio del Interior, quien desertó en el 2008 tras ser encarcelado tan solo por haber solicitado su jubilación.

Hasta que le cedió el poder a su hermano Raúl, la lista de prebendas de Fidel Castro se podía leer así. Las propiedades restringidas al uso personal de Fidel suman más de 20 residencias a lo largo de la isla. La residencia principal de Fidel está en Punto Cero en una zona de acceso restringido en Jaimanitas, La Habana. Esta casa contiene un bunker y un túnel que conduce a un aeropuerto cercano. El complejo residencial incluye casas para la escolta y la guarnición de Punto Cero, terrenos de béisbol, siembra de vegetables hidropónicos y equipos de comunicaciones y seguridad. En la residencia principal, los cocineros y sirvientes están uniformados y el menú diario es a la carta.

Otras casas incluyen canchas de tenis, piscinas y campos de golf. También, una casa privada en Cayo Piedra situada al sur de Bahía de Cochinos con un restaurante flotante y delfinario, y una pista para helicópteros. Añádele una marina privada en Caleta del Rosario donde están atracados yates para el uso personal de Fidel, Raúl y sus allegados más cercanos, el Pionera 1 y Pionera 2, de 40 pies, un bote de pesca y el Aquarama de 27.5 metros. Entre sus fincas privadas están el Quinqué y La Sierra, una finca en Cojimar y otra en Cubanacán donde crían vacas lecheras. Fidel y Raúl tienen a su disposición un coto de caza en Paso Ocujal con bunker y guarnición propia y otro en Pinar del Rio. La salud de Fidel se atiende en una clínica completamente equipada solo para su uso personal. Su escolta incluye un militar con su mismo tipo de sangre. Fidel suele volar en un avión privado AN26 para su uso y el de su hermano Raúl.

Una de sus casas en la calle 25 del Vedado tiene un cine privado para Fidel. Fidel se mueve por las calles en 9 autos Mercedes Benz blindados para él y su escolta que fueron regalados por Zambia.

Sánchez contó que fue testigo personal de la visita de Fidel y Abrantes a un almacén donde se guardaban regalos personales que Fidel recibía de muchos mandatarios y personas influyentes. Uno de ellos era una cajita más o menos de 8"x4" que contenía diamantes provenientes de Angola.

Sánchez denuncio la participación de Cuba en el tráfico de armas y estupefacientes en sociedad con el fallecido capo de la droga Pablo Escobar. Dijo que Abrantes, Tony de la Guardia y el General Ochoa manejaron el tráfico de armas y drogas que salían o pasaban por territorio cubano y que ambos, Fidel y Raúl lo sabían, aunque ambos no comentaban sobre esto y raras veces se encontraban cerca de los cargamentos.

Polo —¿Y qué va a pasar con las reservas del comandante en jefe después de su jubilación?

Cecilia —Buena pregunta....
Lo que me llama la atención es que en otros sistemas políticos cubanos había múltiples líderes políticos que ostentaban poderes temporales y parciales y que amasaron fortunas personales provenientes del erario público. Pero esas fortunas, una vez logradas, se retenían en manos privadas separadas de los poderes públicos, las relaciones económicas y el Tesoro de la República o la administración colonial.

En la Cuba revolucionaria la corrupción se maneja desde una estrecha cúpula liderada absolutamente, antes por Fidel y ahora por Raúl, que ostenta todos los poderes y recursos, no ya del estado, sino de toda la sociedad, y con carácter permanente. Pero hay otra cosa. Salvo pocas excepciones el estilo de vida de gobernantes cubanos en el pasado consistía en adquirir algunas propiedades y fincas de recreo en las afueras de la ciudad de La Habana donde los grandes lujos consistían por ejemplo en una piscina con cascada natural, vacaciones en el extranjero y fiestas opulentas. Los que salían al exilio luego de ser derrocados lo hacían con maletas llenas de dólares o cuentas bancarias preexistentes en los E.U.A.

El caso de los líderes máximos de la revolución cubana es suigeneris. Ambos, Fidel y Raúl disfrutan y comparten con sus más íntimos, o con sus huéspedes, un sinfín de comodidades comparables con las de los billonarios del resto del mundo, o con la realeza europea o asiática.

Otro aspecto novedoso de nuestra revolución y que casi seguro nadie creería es que un jefe de estado, de gobierno y de todo lo demás, posea cantidades exorbitantes de dinero proveniente del erario público en cuentas secretas personales, que a veces,—oye bien -, hasta presta al estado cubano en momentos de falta de liquidez temporal.

A diferencia de gobernantes anteriores, que acumulaban privadamente riquezas emanadas de la corrupción los gobernantes actuales prefieren controlar y usufructuar todos los poderes del estado y los recursos de la sociedad. Ellos nombran y preparan a sus familiares y otros íntimos para asumir todos los poderes del estado y así asegurar una sucesión estable cuando ya no puedan gobernar. Ya Raúl y sus familiares controlan el ejército, los principales sectores de la economía y el partido comunista y han nombrado a incondicionales civiles más jóvenes en puestos claves del estado y el gobierno.

Polo —Aquí cabe aplicar aquella frase de que el poder absoluto corrompe absolutamente. Y también que a diferencia de gobiernos anteriores, no existen medios de comunicación masiva privados que denuncien esta situación, ni organizaciones de la sociedad civil independiente que posean suficientes recursos para oponerse efectivamente al abuso del poder o al traspaso hereditario del poder civil y el militar, al estilo de las monarquías absolutas de la vieja europa.

Cecilia —Por cierto, muchos de los desertores que cité como fuentes de información salieron de Cuba con fotos de ellos junto a Fidel que mostraban la «Dolce Vita» de los Castro. Y así y todo, muy pocos en el mundo los creen o escuchan, mientras que la mayoría de los cubanos no se han enterado de nada de esto y viven en la pobreza esperando que la revolución cumpla sus promesas.

Aún tengo muchas preguntas sobre nuestros temas de la desunión, la violencia y la corrupción. Sin embargo, quisiera que me contaras más sobre tu vida, sobretodo antes de la revolución, cuando eras joven. ¿Cómo era tu vida en la Cuba en que creciste, tu trabajo, tus diversiones? ¿Qué pensaban los cubanos de su patria?

Capítulo V

LOS CARNAVALES DE ORIENTE

Por los cuentos de mami y de mis tías, y por algunos recuerdos de mi niñez yo tenía la impresión que Cuba era distinta antes de la revolución, y que a pesar de la violencia, la corrupción y la desunión uno podía progresar sin tener que salir del país; que había agua, comida y medicinas, sobre todo en las ciudades; y que no había que pedir permiso para mudarse a otra provincia, o salir del país.

Polo —Todo eso es verdad y aunque había pobreza en el campo, especialmente en «el tiempo muerto», de la zafra esta se iba reduciendo a medida que la economía crecía y se diversificaba. Mi niñez coincidió con el parto de la república después de la ocupación americana en 1998. La guerra del '95 causó una gran destrucción en toda la isla y requirió la reconstrucción de los recursos del país y sus instituciones, así como la creación de riqueza, servicios e infraestructura y el desarrollo de nuevas instituciones socio-culturales.

Por suerte para mi familia, los americanos le dieron muchas oportunidades a los españoles en los puestos públicos y en los negocios, en las nuevas instituciones cubanas y en otras que se adaptaron a la vida republicana. Además, los músicos profesionales estaban bien cotizados en La Habana. A mi padre le sobró el trabajo en orquestas, y dando clases privadas. Estudié mi secundaria en el Instituto de La Habana e ingresé en la universidad sin tener que preocuparme por nada más ya que mi madre se ocupaba de nosotros y de todas las cosas de la casa.

Me gradué de Filosofía y Letras en la Universidad de La Habana, trabajé en los periódicos El Mundo y La Marina y di algunas clases particulares a futuros universitarios. Como ya te conté, me gustaba la poesía y publiqué en algunos periódicos y revistas literarias de La Habana en los años cuarenta y cincuenta.

Cecilia —¿Pero no todo fue estudiar y trabajar, verdad?

Polo —Por supuesto. Estuve soltero antes de recibirme y también me divertí de casado antes de que mi esposa se enfermara poco después de la segunda guerra mundial. En La Habana te podías divertir de noche, aunque no tuvieras mucho dinero, lo mismo fueras negro que blanco, joven o viejo, cubano o turista. Ya te conté de los cines donde echaban películas italianas, francesas, españolas, mexicanas, y argentinas y por supuesto americanas dobladas o con subtítulos. En los años '50 los jóvenes, bohemios y los amantes de la música y la gastronomía asistían a decenas de clubes en hoteles o en locales propios donde se presentaban nuevos artistas como la Lupe u otros consagrados como Blanca Rosa Gil y Benny Moré; o extranjeros de la fama de Pedro Vargas o Nat King Cole. Y si querías un show por todo lo alto tenías a Tropicana, a Montmartre, o Sans Souci. Y los fines de semana los jardines de la Tropical o de la Polar se abrían al público que bailaba por el costo de un par de cervezas. Y había fiestas en los clubes de negros y de blancos, y de mulatos como los Jóvenes del Vals. Yo disfruté todo eso, desde los shows en los clubes pequeños y oscuros como La Zorra y el Cuervo, o La Red donde empezó La Lupe, hasta el Baile Rojo de Primavera del Country Club, o las fiestas de quince en un solar del barrio de Cayo Hueso o en una casa del Ensanche de La Habana.

También disfruté las veladas artísticas en el Liceo, o los conciertos dominicales en el Auditorio del Vedado. Y pasé muchos fines de semana desde mediados de los '50 en Santa Maria del Mar jugando al dominó en el Circulo Médico, o montando a caballo, o disfrutando de la playa y los amigos.

Cecilia —Polo tú me estas contando la vida de un cubano de clase media, que podía escoger adonde ir y además con ciertos gustos artísticos e intelectuales que no tenía el cubano típico.

Polo —Bueno, es verdad que mis gustos eran muy variados. Pero también es cierto que la cultura popular cubana se diseminaba a través de numerosos medios de comunicación social, se nutría de la música clásica cubana y extranjera y cubría temas históricos y académicos semanalmente en programas radiales y televisivos, como la Universidad del Aire y en decenas de periódicos y revistas. Y llegaba, prácticamente, a todos los estamentos sociales. Probablemente tengas razón; desde el punto de vista estadístico, no es probable que yo fuera un cubano típico, aunque tampoco creo que era un bicho raro.

Cecilia —Ahora que hablamos de la vida nocturna y de los casinos, ¿qué me dices del juego y la prostitución? La revolución y sus simpatizantes cacarearon por muchos años que antes de 1959 toda Cuba era un antro de juego controlado por la Mafia americana y que la prostitución era el gran objetivo turístico de la isla. Esta grave sentencia se basaba en la existencia en La Habana de un puñado de hoteles y casinos y clubes pequeños, estos últimos ajenos al turismo del norte, al igual que los prostíbulos de barrio de la capital, entonces poblada por 1 millón de habitantes.

Polo —Creo que valdría la pena analizar esa propaganda. Antes de la revolución, los centros de diversión habaneros se llenaban, prosperaban y crecían, excepto en los tiempos en que la violencia política hacia que la gente lo pensara dos veces antes de salir de noche. Y eran cubanos los mayores clientes de la vida nocturna habanera. Eso no hubiera sido posible si la mayoría de ellos hubiera estado jugando en los casinos de los hoteles habaneros. El turismo americano jugaba, pero también iba a Tropicana y otros lugares de recreo como la playa de Varadero.

En cuanto a la prostitución, claro que en Cuba, desde la colonia, hubo bayús o prostíbulos y meretrices callejeras, que en los '50 les decían fleteras. Ahora bien, la cultura popular veía esto como algo ausente de toda conversación donde había damas presente. En los años cincuenta, la prostitución se practicaba discretamente y era permitida por la policía a base de pagos regulares y chantajes.

Cecilia —Pues fíjate, ahora las cosas han cambiado y no han cambiado. Me explico. No han cambiado porque la prostitución sigue y el chantaje de la policía continúa. Lo que sí es distinto, es que la prostitución, los favores sexuales y las recompensas se han extendido más allá de un grupo marginal de fleteras que ahora les llaman jineteras, y prostíbulos, casi siempre en casas privadas.

Ahora se ven extranjeros, en su mayoría españoles, canadienses, e italianos que vienen a Cuba por unos días, se acuestan con varones, mujeres o niñas, y a veces se casan y regresan con ellas a sus países. Muchas cubanas de familias tradicionales, inclusive graduadas universitarias, ven este matrimonio con desconocidos mucho mayores que ellas como la única forma de mejorar su vida por medio de la emigración. Otro ejemplo de uniones contemporáneas es el de mujeres casadas, profesionales, inclusive con hijos, que se acuestan con extranjeros no solo por dinero sino también a cambio de lencería, joyas, etc. Y en tercer lugar, en Cuba es algo normal ver a decenas de mujeres y hombres «pescando» turistas en clubes, en zonas turísticas, o en el Malecón de La Habana. O sea, los prostíbulos y vendedores sexuales callejeros no han desaparecido, pero el sexo a cambio de dinero o como pasaporte al extranjero ha ganado una aceptación más amplia como una forma de resolver en la Cuba revolucionaria. Por supuesto que la gran mayoría de las mujeres cubanas no resuelven así sus necesidades y las de su familia.

Polo —Hemos hablado de algunos aspectos de la vida nocturna en la Cuba revolucionaria y en la republicana. Pero uno de ellos fue muy importante en la cultura popular cubana: me refiero a los carnavales. Yo vi varias veces las comparsas y los paseos del Carnaval de La Habana. Sin embargo, mi recuerdo más vivo fue el de los carnavales de Oriente, en Santiago de Cuba, entonces con una población de 150,000.
Estuve allí en el año 1951, un año antes del golpe del 10 de marzo de 1952, cuando asistía a una convención del Colegio Nacional de Periodistas a fines de julio de ese año. Y como yo no había estado antes en Santiago, o en Oriente, decidí aprovechar la convención y pasarme un mes visitando Santiago y sus alrededores. La güagüa salió en la madrugada de la terminal de Ómnibus de La Habana y llegó, a Santiago cuando comenzaba a anochecer.
Llegando a Santiago entramos por la loma de Quintero que es la puerta de la ciudad. Después de disfrutar la vista panorámica desde el restaurante Rancho Club, seguimos a

Puerto Boniato a disfrutar una vista espectacular de la Sierra Maestra. Te confieso que a pesar de no haber estado en Santiago anteriormente el paisaje me pareció familiar, conocido, como si fuera parte de mi vida.

No sé si sabes que la ciudad de Santiago se fundó en una terraza de la calle Corona con calles inclinadas a las que los Santiagueros llaman lomas, como la de Trinidad y San Jerónimo. Hay callejones, el más famoso el de Escudero donde Antonio Maceo se hospedó en el hotel Louvre. Seguramente la calle más famosa es la de Padre Pico empinada y escalonada, desde la calle Santa Rita hasta la calle Santa Lucia.

El primer día lo pasé descansando en el hotel Imperial a poca distancia del parque Céspedes frente al cual estaba la sede de mi convención en el hotel Casagrande.

Recordando a Martí, aunque ya sin el polvo del camino, comencé mi estadía visitando el cementerio de Santa Ifigenia donde además de Martí descansan numerosos héroes mambises como José Maceo y el mimo padre de la patria Carlos Manuel de Céspedes.

Poco después de recorrer otros lugares históricos como el Árbol de la Paz visité el museo Bacardí donde entre otros tesoros históricos se exhibe la mascarilla de Napoleón Bonaparte, hecha por su médico tras la muerte del Gran Corso en Santa Elena. Para mi sorpresa, de regreso a mi hotel, me encontré con Celestino, un amigo y compañero de mis años universitarios. Celestino vivía en Santiago y era gerente de un banco, posición que le permitía llevar un estilo de vida acomodado en su residencia de Vista Alegre, un elegante barrio en las afuera de la ciudad. Después de darnos un fuerte abrazo Celestino me invitó a tomar café y un helado de frutas del Caney en el café Las Novedades donde solían acudir jóvenes, artistas, y periodistas como Juan J. Arrufat y Ángel de Goya.

Cecilia —Ay Polo, me traes recuerdos de muchos lugares, aunque yo los conocí de estudiante, veinte años después y con algunos nombres cambiados.

Polo —Celestino se despidió después de que ambos nos pusiéramos al día sobre nuestras vidas, pero no antes de insistir en que asistiera invitado por él al próximo baile de Carnaval del Vista Alegre Tenis Club. Yo traté de excusarme, porque era un baile de disfraces y además porque la larga enfermedad de mi esposa me había quitado el ánimo para andar de fiesta, excepto claro, alguna que otra ronda con mis amigos, o la asistencia a algún espectáculo artístico cultural. Todas mis excusas le entraron por un oído... y ya sabes, al fín acepté la invitación. Celestino me llevó a una tienda de disfraces de la que salí como todo un Arlequín, con mandolina y todo.

El salón de baile estaba repleto pero, aparte de Celestino, yo no conocía a nadie. Mientras él bailaba con su esposa me llegué a la barra un par de veces mientras disfrutaba la música de la orquesta Aragón. Noté entonces que a una mujer disfrazada de Colombina la sacaban a bailar a menudo, pero ella se excusaba la mitad de las veces. Al rato de estar entretenido, mirando, Celestino se me acercó y me preguntó por qué no bailaba ya que eso no tenía nada de malo y mejoraría un poco mi estado de ánimo. Entonces se me ocurrió lo que parecía una buena excusa y le respondí que bailaría; pero si la mujer a quién sacara a bailar se negaba, quedaría libre del compromiso y me iría a dormir a eso de la medianoche. Así quedó pactado mientras conversábamos durante uno de los descansos de la orquesta. Cuando sonaron los primeros acordes de Silencio, de Rafael Hernández, Celestino me dio una palmada en el hombro y con una sonrisa victoriosa me dijo; Polo, a cumplir lo prometido. Yo, confiado en la ley de probabilidades, me dirigí a la susodicha Colombina y la invité a bailar, seguro de su rechazo. Pero ella no solo aceptó, sino que resultó ser una gran conversadora tanto sobre el origen de nuestros disfraces en La Comedia del Arte Italiano del diecisiete, como de otras costumbres que fueron populares en la Cuba del diecinueve.

Bailamos el siguiente Danzón-Cha y después Noche Azul de Ernesto Lecuona, aquella pieza romántica que la Aragón interpretaba con su estilo inigualable. No sé si distraído, o a propósito, comencé a susurrar algunas estrofas de la canción mientras la miraba fijamente, como tratando de adivinar sus pensamientos: «mi noche azul, ven otra vez a que me des tu luz...» «mira que esta mi corazón ansioso ya de amar...».

Ella ignoró por completo mis susurros y miradas que trataban de penetrar su antifaz carnavalesco. En vez de reaccionar a ellos, mi palomita danzante recorrió muchas veces el salón con su mirada y pasó el resto de la canción comentando sobre los mejores y peores bailadores y sus respectivos disfraces.

Luego de bailar y conversar animadamente decidimos sentarnos un rato. Pero no fue por mucho tiempo ya que su amiga disfrazada de Blanca Nieves interrumpió la conversación y le dijo a la Colombina que ya era pasada la media noche y tenían que irse. El aviso, tan repentino, me tomó por sorpresa y sin pensarlo dos veces, ni estar consciente de mis palabras, le dije a Lola, que así me dijo ella que se llamaba, que me gustaría invitarla a merendar al día siguiente, sábado, a las 4 de la tarde en el café Las Novedades, donde podríamos continuar disfrutando nuestra conversación. Lola miró a su amiga como buscando una respuesta, pero antes de recibirla me dijo que trataría y que la conversación había sido muy agradable. Cuando apenas se alejaba le pregunté como la reconocería sin la máscara. Ella se volvió hacia mí y descubrió por un momento un rostro alegre de tez blanca y ojos claros contorneados por un pelo lacio y negro como el azabache.

Recuerdo que aquella noche me desvelé y al día siguiente ya estaba sentado a las tres y media de la tarde en una de las mesas del amplio salón del café. Lola llegó cuando ya pensaba que me iba a dejar plantado. De nuevo, la conversación fue fácil y amena mientras disfrutábamos de la merienda y tratábamos discretamente de detallar nuestros cuerpos. Eso fue hasta que Lola me miró a los ojos y me preguntó, sin rodeos, que aunque me veía muy bien yo era mucho mayor que ella. Le dije que tenía 50 y ella respondió que tenía 25. Me preguntó si tenía familia o era casado y si tenía hijos. Le respondí que era casado y que al principio tratamos de tener hijos pero sin lograrlo. Después mi esposa se enfermó de cáncer y ha estado muy débil de salud desde hace 10 años. Entonces, yo me dediqué a mi trabajo, a escribir y a atenderla y puse una señora para cuidarla. Terminé mi relato tenso y sintiendo algo de culpa. Tan pronto pude cambié el tema, concluyendo que mi viaje a Santiago había sido mi primera vacación en muchos años.

Lola me escuchó atentamente y sin perder tiempo me dijo que la diferencia de edad no era un obstáculo para ella ya que éramos muy afines, pero que ella no podía interferir en un matrimonio como el mío. Que más allá de la amistad no podría haber nada entre nosotros durante mi breve estancia en Santiago.

En ese momento sentí que me habían echado un jarro de agua fría en la cabeza. Era como rechazar algo que no había sucedido todavía, pero que uno deseaba impulsado por los instintos, la soledad y la atracción a lo desconocido.

Después de un largo silencio traté de salvar lo posible. Logré convencerla que aunque solo fuera por amistad me gustaría conocer la ciudad en su compañía. Ella me explicó que podríamos visitar algunos lugares históricos, pero que debía estar de regreso en su casa antes de la medianoche. Ella cuidaba a su hermana que aunque estaba mucho mejor había sufrido de Hepatitis por un tiempo. Además, su hermana no debía enterarse de que se conocían ya que era una mujer muy recta que no entendería que yo saliera a pasear con un hombre casado y acabado de conocer. Yo estuve de acuerdo en todo y quedamos en vernos al día siguiente. Creo que ambos sabíamos que mis deseos eran más que amistosos.

Así comenzaron varios días en que Lola y yo nos dedicamos a recorrer la ciudad de Santiago en época de Carnavales. Visitamos el Santuario del Cobre y el parque de la loma de San Juan donde los jinetes de Teodoro Roosevelt y las fuerzas mambisas derrotaron al ejército español en el 1898. Pronto nos dimos cuenta de que nos gustaba el cine y fuimos varias veces al Maxim, al Cuba y al Rialto, frente a la Catedral.

Paseamos por la bahía y como a Lola la habían invitado, fuimos al Cuidamar Yatch Club, donde se organizaban regatas anualmente y había un baile amenizado por la orquesta de Chepín Chovén, maestro en combinar los ritmos criollos con el jazz norteamericano.

Durante los carnavales vimos comparsas arrollando desde Vista Alegre hasta Los Hoyos. En los kioskos de la Trocha probamos no sé cuántas delicias santiagueras, chilindrón de chivo, congrí oriental, buñuelos de malanga…frutas, del caney y por supuesto el Pru oriental.

Nos reímos con los personajes de las Parrandas. Bailamos en una de las calles cerradas al tránsito, rodeados de otros bailadores desconocidos; y al otro día seguimos bailando con la orquesta de Benny Moré en la pista improvisada para los carnavales en el parque de la Carretera del Moro y la esquina de la Trocha.

Así llegó el desfile el 25 de julio, día de Santiago Apóstol. Al caer la noche nos sentamos en las gradas construidas en la Avenida de Los Libertadores y desde allí vimos las comparsas que bailaban y cantaban ante el jurado. Era un espectáculo de trajes vistosos con adornos multicolores que se movían at ritmo de las caderas de las concursantes y acaso al de la imaginación de muchos espectadores. En varias ocasiones noté que Lola y yo nos mirábamos como algo más que dos amigos. Cuando terminó el desfile convidé a Lola a tomar unos tragos en el café Baltabarán y después, de la forma más inocente que se me ocurrió, le ofrecí enseñarle un libro recién publicado sobre Santiago que yo leía antes de acostarme a dormir. Lola titubeó y después de hacerme prometer que no iba a pasar nada me acompaño a mi habitación del hotel. Allí nos conocimos en el sentido bíblico de la palabra, con la misma facilidad y agrado con que conversábamos, aunque sí en medio de la pasión que habíamos acumulado desde el día en que nos conocimos. Esa noche, como de costumbre, llevé a Lola hasta la puerta de su casa y la contemplé como un joven enamorado hasta que desapareció tras la puerta de entrada.

La convención de periodistas que me llevó a Santiago estaba a punto de comenzar y por tanto Lola y yo tratamos de estar juntos y continuar disfrutando mi estancia en la ciudad. Paseamos por los escalones de Padre Pico, entramos en los cafés, tiendas y comercios de Enramada, dimos una vuelta por el parque Céspedes y hasta alcanzamos a oír un concierto auspiciado por la Sociedad Filarmónica.

El acto de clausura de mi Convención fue como el fin de una vida, o mejor dicho, el final del capítulo de una novela inolvidable repleta de alegría y de ilusiones olvidadas en una ciudad hermosísima, repleta de orgullo, historia y patriotismo.

Nos despedimos sin pensar en el futuro, ni extrañar el pasado, como si nuestra realidad consistiera en un presente infinito. Nunca más supimos el uno del otro y hasta pensé que nunca regresaría a Santiago.

Cecilia —¿Y regresaste?

Polo —Si, porque sentí una gran preocupación al conocerse la noticia del ataque al cuartel Moncada el 26 de julio de 1953, exactamente dos años después de mi primera visita. Así y todo dejé pasar unas semanas esperando a que las cosas se tranquilizaran y volví a viajar en un Santiago/Habana, aunque esta vez me hospedé en el Casagranda.

Al día siguiente toqué a la puerta de la casa donde vivía Lola. Me abrió una negra muy amable de unos 40 años, a la que pedí ver a Lola. Al llevarme a la antesala, ella preguntó mi nombre. De pronto, me miró fijamente y palideció. A los pocos minutos llegó una señora a quien le dije que venía a interesarme por Lola. Me pasaron enseguida a una saleta de estar donde pude observar mejor a esta mujer de unos 30 años, de ojos parecidos a los de Lola, aunque pálida y sumamente delgada. Ella se presentó de inmediato como Patria, la hermana de Lola y me ofreció la acostumbrada tacita de café, que yo acepté cortésmente. No esperé mucho para preguntar si la violencia reciente les había afectado. Comprensiblemente, ella no fue al grano tan rápido y quiso saber quién yo era y de donde conocía a Lola. Yo no estaba preparado para ser interrogado por una señora que Lola había descrito como una persona de principios muy rectos.

Traté de explicar lo mejor que pude que mi visita era la de un amigo que dos años atrás pasó por Santiago de vacaciones y conoció a Lola en un baile de disfraces. Ella no se lo tragó y siguió preguntando sobre mi amistad con Lola. Le conté que Lola fue muy amable en acompañarme a varios lugares típicos y sitios históricos de Santiago. La hermana hizo un gesto como cuando uno se acuerda de algo y me preguntó, sin darle más vueltas a la noria, si yo era el habanero con quien Lola estuvo saliendo en los Carnavales del '51. Le dije que si, un poco apenado y sin saber lo que venía después. Ella me dijo que sus amistades le contaron de mis demorados paseos con Lola, quizás por no decir que aquella fue la única vez que Lola llegaba tarde casi todas las noches y era muy parca contando lo que había hecho durante el día; excepto que su amigo Polo era un habanero mayor, culto, y bien parecido que la trataba con respeto y admiración. Y que tenían muchas cosas en común. Continuó diciéndome con voz serena, pero firme, que al fin Lola se sinceró con ella al salir en estado después de los carnavales. Lola, su mamá y sus hermanas decidieron que lo mejor era que Lola diera a luz en Santiago y que regresara a Santa Clara un año después. A todos, incluyendo su hija, se les diría que Lola se casó en Santiago y que su esposo falleció al año de estar casados. Así se evitarían los chismes y las críticas que pudieran afectar a la niña.

Apenas recuperado de enterarme que era padre, Patria me suplicó con una voz firme y a la vez sentimental que no buscara a Lola porque ella y la niña estaban bien en Santa Clara. Ellas no carecían de nada ya que su padre, que fue médico, les dejó al morir una casa y ahorros suficientes para que la familia viviera sin pasar trabajos.

Patria me pidió que no tratara de ver o hablar con Lola mientras que mi esposa viviera, o nos divorciáramos. Entonces habría que ver que iba a pasar y qué pensaba Lola en ese momento.

Prometí que haría lo que me pidió, aunque estaba seguro que nunca dejaría de añorar a Lola y querer conocer a mi hija. Así me sentí desde que regresé a La Habana. Y cuantas cosas han pasado desde entonces; la revolución, la muerte de mi esposa en el '70....

Cecilia —Polo, estoy callada analizando todo lo que me has contado desde que te conocí, pero sobretodo la parte de los carnavales de Oriente. Cuando tuve uso de razón mami me dijo que mi papa había muerto al año de yo haber nacido y que mami se casó y vivió en Santiago cuidando a tía Patria hasta que yo tuve un año. Entonces regresó conmigo a Santa Clara a vivir con mi abuela y con mi tía América hasta que ésta se fue a Miami en los vuelos de la libertad de los años sesenta. Por otro lado, cuando estaba en Santiago y le preguntaba a tía Patria sobre mi padre, ella era evasiva y en las fotos que me enseñaba de mi padre, él siempre estaba solo y lejos de la cámara.

Mira Polo, yo no creo en casualidades y no estoy segura de creer en milagros. Pero estoy atando muchos cabos. Mi madre me concibió poco después de los Carnavales de Santiago del '51. Esos fueron los carnavales en que tú estuviste y donde te enamoraste de una mujer de ojos claros, de tez clara y pelo liso negro como el azabache. Así era mi madre. Además, mi tía Patria vivía en Vista Alegre donde tú llevabas a Lola antes de la medianoche y donde trataste de visitarla en el '53. Ella te identificó como la pareja de Lola y te pidió que no buscaras a Lola y a su hija.

Aún más. Tú le decías Lola a tu pareja santiaguera. Mami se llamaba Maria Dolores. A ella y a mí nos gustaban las mismas cosas que te gustan a ti. Estoy segura que tu reunión con la hermana de Lola fue con mi tía Patria y tu descripción de la casa y de la señora que te abrió la puerta coincide igualmente con la casa de Patria y con Tomasita quien trabajó en la casa desde jovencita. Ella era como parte de la familia y nos traía todos los chismes de lo que pasaba en Santiago. Ahora entiendo lo que mi tía Patria murmuraba en su lecho de muerte. La pobre me decía, «tu padre es un caballero español; el habanero, del carnaval».

Polo, no sé cómo esto ha pasado, pero creo que eres mi padre y que el destino nos ha juntado en este islote. Pero, esperate. No puede ser. Si fueras mi padre tendrías ahora 113 años y tú no aparentas tener más de 75, a lo más 80.»

Polo —Bueno Cecilia: imagínate....

Cecilia —No: no se me ocurre ninguna explicación lógica. Ni siquiera me lo puedo imaginar.

Polo —Bueno mija, no quería decírtelo al principio de tu llegada al islote, pero aquí el tiempo no pasa; todo es estático, intemporal, nada cambia y tú siempre lucirás la edad con que llegaste mientras estés aquí.

Cecilia —Ahora me lo explico. Entonces sigamos conversando como padre e hija, ahora que sé más sobre tu vida en la Cuba republicana. Después de recordar tantos incidentes de violencia, corrupción y desunión en la historia de Cuba, me gustaría analizar si estos factores se relacionan entre sí; si son causa y efecto y qué impacto han tenido en otras esferas de la vida cubana tales como la economía y la cultura.

Polo —Pues bien, demos una caminata y dialoguemos como solían hacer en la acrópolis de la Grecia antigua.

Capítulo VI

ECONOMÍA, CULTURA Y SOCIEDAD

Cecilia —Hablando de caminatas. ¿No crees que ya es hora de ponerle un nombre a este islote que habitamos?

Polo —Claro que sí. Llamémosle Topos, como la raíz griega de Utopía, la famosa isla de Moro, el Santo.
Hemos conversado muchísimo desde que llegaste, sobretodo de temas históricos y políticos. Sin duda, tú eres una mujer culta y muy interesada en la historia de Cuba. Creo que tienes una gran sensibilidad artística y una ética poco común hoy en día.

Cecilia —Gracias papi. Te agradezco el cumplido. Pero se lo debo a las enseñanzas de mi madre y mis tías. Y no creas, yo no soy la única cubana que es así.

Polo —Está bien, pero ahora que sé que eres mi hija, quiero saber más sobre tu carrera, tu niñez, tu juventud; sobre tu familia... Quiero conocer la vida de una hija que recuerdo haber querido, aún sin conocerla.

Cecilia —Seguro que sí papi y espero que reconozcas mis logros en la vida.

Polo —Creo que así será cuando me cuentes.

Cecilia —Nací en la clínica Los Ángeles en Santiago de Cuba el 10 de febrero de 1952. Aunque mi familia es de Santa Clara mi mamá se mudó para Santiago un año antes de mi nacimiento para cuidar a mi tía Patria.

Te conté que mami era enfermera. Ella y tía Patria siempre fueron muy unidas y al enfermar Patria de Hepatitis ella no quiso que nadie la cuidara, excepto mami. Por suerte, mami era muy querida en Santa Clara y enseguida le dieron una licencia indefinida para que fuera a atender a su hermana. Además, mi abuelo era médico en Santa Clara y pudo dejarles un dinerito además de la casa donde vivíamos en Colón entre San Miguel y Nazareno. Gracias a Dios, Patria se recuperó bastante bien y mami regresó a Santa Clara cuando yo tenía un año.

Exceptuando mis años universitarios me crié en Santa Clara donde he vivido casi toda mi vida. Antes del triunfo de la revolución me mandaron a un Kínder privado que tenía la Sra. Yolanda. Cuando pienso en ella la recuerdo tocando el piano y cantando cuanta canción había desde la Ma Teodora hasta las canciones infantiles que pusieron de moda Gabi, Fofó y Miliki en la televisión cubana. El preprimario y el 1er grado los hice con las Teresianas que tenían su colegio en las calles Cuba y San Miguel.

Entonces llegó la revolución y confiscaron todos los colegios privados. Desde el 2º grado hasta que me gradué de primaria en el 6º estuve en el colegio Ignacio Pons Naranjo.

Polo —Cecilia, perdona que te interrumpa, pero cuando mencionaste a las Teresianas te iba a preguntar si tu familia era religiosa.

Cecilia —Lo era, pero a su manera, como la mayoría de los cubanos. Creían en Dios y de vez en cuando iban a misa los domingos en la iglesia de San Francisco. Allí me bautizaron, pero después que tía América se fue de Cuba dejé de ir a la iglesia, sobre todo en los años duros de la revolución cuando se hostigaba y discriminaba a los creyentes o a cualquiera que entrara en una iglesia o un templo religioso.

Del 7º al 9º lo hice en el Julio Pino Machado, que era el antiguo colegio metodista. El Pre, que fueron mis últimos estudios en Santa Clara lo hice en el Pre Osvaldo Herrera, frente al parque. En 1971 aún no había donde estudiar medicina en Villa Clara, así que me fui a Santiago a hacerme médico en el Instituto Superior de Ciencias Médicas. Anteriormente, mami y yo pensamos en matricularme en la Universidad de La Habana donde habría mejores condiciones académicas. Pero imagínate, ¿quién le decía a mi tía Patria que yo iba a vivir en un cuarto alquilado en una casa de huéspedes, en una ciudad donde casi no conocía a nadie y que era famosa por las distracciones de su vida nocturna? Tía Patria no tuvo ninguno de esos titubeos. Tan pronto se planteó el tema, le detalló a mami cómo iba a prepararme el cuarto de su casa que estaba vacío y no sé cuántos planes más. Yo, con mis 20 años le agradecía a Patria todo su cariño, pero, ¡y fue un pero grande!, llegué a Santiago preocupada de que tía no se acostara a dormir hasta que yo llegara por la noche: y entonces, a querer darme teque sobre todo lo que hice ese día.

Sin embargo, la cosa no fue tan mala. Matriculé en el Instituto Superior de Ciencias Médicas, que no quedaba muy lejos de la casa de Patria en Vista Alegre, y los 6 años de la carrera se fueron volando. Mi vida de estudiante era rutinaria; levantarme temprano, ir a clases y estudiar hasta tarde. Dormía pocas horas y las distracciones eran ir al cine, a alguna que otra fiestecita en casa de un compañero o en el Club del Hotel América o el Tri-Continental, o algún paseo a la playa Siboney.

Polo —Ahora, ¿cómo pudiste entrar a estudiar medicina: tenías algún familiar revolucionario, o conexiones?

Cecilia —No, pero te cuento. En general no tuve problemas durante los seis años de estudios médicos. Las cosas cambiaron después que terminé mi internado en Pediatría en el Hospital La Colonia Española y en el Infantil Sur y después la especialidad en neonatología. Entonces fui a trabajar al Hospital de Maternidad Norte. Allí la jefa del departamento de neonatología se enconó conmigo y me hacia la vida imposible. Ella no se explicaba como yo había llegado hasta allí sin tener méritos revolucionarios, ni haber sido pionerita, ni de la Juventud, ni tener una familia integrada. Ella creía que yo ocupaba el puesto de algún revolucionario que lo merecía más que yo. Pero yo aguanté, porque tenía mi carrera por delante y no me iba a dejar tronar por ella. Además, yo había sacado buenas notas, hacia mi trabajo y cumplía con mis guardias.

Al cabo del año conseguí una plaza de profesora de neonatología en la recién abierta Universidad de Santa Clara y en el Hospital Pediátrico Provincial, (antiguo ONDI). Tía Patria se ahogó en llanto cuando me mudé de su casa y mami organizó un motivito en Santa Clara para celebrar mi regreso a casa. Después que mami murió en el 1980, me sentí muy sola y tuve que luchar duro para resolver sin el apoyo de un «Pincho» o un «Maceta», o sin pertenecer al partido, o tener otros méritos revolucionarios. Menos mal que tía América me ayudaba y me daba ánimo cuando venía de visita.

Polo —Tú creciste, estudiaste y trabajaste en un país cuyos documentos históricos no son accesibles a la mayoría de los cubanos. Es decir, excepto a un puñado de investigadores autorizados o a veces sólo a través de versiones de segunda mano que reflejan la visión revolucionaria.

Cecilia —Si, aunque yo tuve la suerte de oír las historias de mi familia y leer libros sobre la Cuba prerrevolucionaria. Pero tú sí la conociste integralmente y también viviste el proceso revolucionario desde sus comienzos en el clandestinaje, el Moncada y después la Sierra y el Escambray. Cuéntame papi, cuéntame de ti y de Cuba.

Polo —Por suerte, mi padre tuvo una carrera artística muy exitosa como violinista de música clásica. Él llegó a Cuba al terminar la Guerra de Independencia, cuando apenas comenzaba la reconstrucción socio-política de Cuba con vista a una república jurídicamente soberana y altamente dependiente de los E.U.A. que controlaba las instituciones de la isla. Cursé mis primeros años escolares durante los cambios en la filosofía de la educación pública y la influencia norteamericana en el currículo y la capacitación de maestros. Por suerte, siempre he tenido facilidad para los idiomas y me fue fácil aprender el inglés en academias privadas mientras me graduaba de Bachiller en Ciencias y Letras en el Instituto de La Habana. Al mismo tiempo aprendí teoría y solfeo con maestros privados en nuestra casa de Neptuno entre Infanta y Basarrate, al lado de la casa del gran maestro de la pintura cubana Antonio Rodríguez Morei. Desde niño me hice amigo de niños americanos y aprendí mucho de la historia y cultura de los E.U.A. Ya te conté que, a pesar de mi amor por la música, mi vocación era las letras y la historia. Así que me matriculé en la Universidad de La Habana, en la Facultad de Filosofía y Letras, donde obtuve mi doctorado en 1924. Si bien es cierto que desde principios de la República Cuba padeció convulsiones políticas, la Universidad de La Habana disfrutó de cierta tranquilidad desde 1920 a

1924, quizás los últimos años de la República antes de que la Universidad de La Habana se convirtiese en un caldo de cultivo de líderes políticos, de movimientos revolucionarios de conspiraciones para derrocar gobiernos y de campo de batalla entre pandillas y facciones políticas. Así comenzó mi vida profesional como periodista en el Periódico El Mundo, que dirigía el Dr. Luis J. Botifoll, y de profesor en el Instituto de Vedado. También, de vez en cuando, daba clases privadas a estudiantes ansiosos de obtener sus títulos universitarios.

Cecilia —¡Qué interesante! Ahora quiero saber, según tus experiencias, cómo era la economía, la cultura y la sociedad cubanas antes de la revolución. Tú me has contado de La Habana que conociste y de la violencia, la desunión, y la corrupción históricas. Pero apenas tocaste el impacto que las tres tuvieron en la vida sociocultural y económica de Cuba hasta 1959 y sobretodo, cómo fue que la isla se desarrolló a pesar de la ubicuidad de estos tres males.

Polo —Sí sí, ¿cómo no? Voy a compartir contigo algunos hechos y estadísticas de Cuba antes y durante la República. Creo que un aspecto importante de la economía cubana a través de los siglos fue su proceso de desarrollo casi ininterrumpido hasta finales de 1958. Además, te voy a añadir ciertos datos relevantes sobre la cultura y la sociedad cubana prerevolucionaria.
Desde la época colonial, las ventas de azúcar fueron una gran fuente de riqueza para Cuba; el azúcar era la principal industria del país. En 1829 Cuba echó a andar su primera máquina de vapor. Apenas dos siglos después de descubierta, Cuba producía el 16% de toda la producción mundial de azúcar. Y en 1830 ya Cuba producía unas 94,000 toneladas de azúcar. Cuando empezó la guerra de los 10 años, Cuba

producía 749,000 toneladas. El conflicto armado solo redujo la producción en un 40% y no causó daños a largo plazo. En el periodo entre las dos guerras de independencia, la producción aumentó de medio millón a un millón de toneladas, o sea el 14% de la producción mundial. La guerra de 1895-98 volvió a reducir la zafra de 1 millón a 306,00 toneladas. Después de recuperarse de la guerra, la producción de azúcar fue más o menos estable rondando un millón de toneladas anuales. A partir de 1860, 55 molinos de caña funcionaban con equipos modernos. El alumbrado eléctrico llegó a la isla en 1890.

Cuba se convirtió en una república el 20 de mayo de 1902.

Entre 1913 y 1920, la zafra azucarera creció de 2.7 millones de toneladas a unos 4 millones de toneladas en 1919. El valor de la zafra azucarera de 1919-1920 fue de 1,000 millones de dólares; de ahí surgió la frase de «la danza de los millones».

A pesar de la violencia, alzamientos y revoluciones como la liberal del 1917, la zafra llegó a alcanzar 5 millones de toneladas en 1929. Considera que la corrupción, al igual que la violencia, acompañaron este periodo de gran prosperidad que duró hasta la debacle económica de 1929. Durante la crisis mundial del 1929 al 1933 la zafra se reduce a 2 millones de toneladas. Por cierto, mientras que en 1939 el 22.42% de la producción de azúcar estaba en manos de cubanos, para 1958 el 62% de los 163 ingenios de la isla eran propiedad de cubanos. En 1940, Cuba produjo el 20% de la producción mundial.

Con la Constitución de 1940, seguida por el primer gobierno de Batista y la Segunda Guerra Mundial, la producción azucarera comienza un ascenso continuo a pesar del pandillerismo y la corrupción de 1944 al 1952 y la desunión política en ese período. En el quinquenio del 1948 a 1951, la zafra alcanzó la cifra record de 7 millones de toneladas. En 1958 la producción azucarera fue de 5.8 millones de toneladas, también a pesar de la violencia contra el régimen de Batista y la represión de este último, así como de la corrupción de los gobernantes.

Al comenzar la Revolución del 1959 la zafra alcanzaba unos 5 millones y medio de toneladas. Así se mantuvo hasta 1968. En 1970, la llamada zafra de los 10 millones proclamada por Fidel nunca logró esa cantidad. Ello, a pesar de que todos los recursos humanos y materiales del estado se supeditaron al esfuerzo y causaron un profundo descalabro de la economía. Desde entonces la zafra siguió reduciéndose anualmente.

Cecilia —¡Me lo dices!, la zafra del año 2007 fue más o menos de 1 millón de toneladas, lo mismo que Cuba producía cuando empezó la guerra de independencia en 1895.

Polo —Hablando en términos relativos, podemos concluir que, con excepción de las guerras de independencia que afectaron la siembra, recogida, molienda y transporte de la caña, la producción cañera cubana ha sido más afectada por factores como la tecnología, el vaivén de los precios del mercado bursátil de los E.U.A., las guerras mundiales y las políticas revolucionaria actuales que por la corrupción, la violencia, o la desunión en la isla en cualquier momento de su historia.

Pero, a pesar de su importancia antes de la Revolución, hay que ir más allá del azúcar para calibrar el trayecto de la economía y la sociedad cubana. Por ejemplo, comienzo con el dato anecdótico que en 1740 el galeón español San Pedro fue construido en astilleros cubanos. Otro ejemplo del temprano desarrollo de la isla fue el ferrocarril Habana-Bejucal que comenzó a operar en Cuba en 1837, unos 10 años antes de que llegara a la Metrópoli Española, y sólo después de los E.U.A. y varios países europeos. Poco después se construyeron más de 700 kilómetros de vía férrea. En 1860 Cuba tenía 1,100 granjas ganaderas, 6,000 potreros y 33,000 pequeñas granjas que empleaban a 200,000 criollos, españoles y libertos y a unos 100,000 esclavos.

Desde la ocupación inglesa de 1762 más de 700 barcos mercantes entraban anualmente en la bahía de La Habana, que ya era el punto de encuentro de las flotas que regresaban a Europa del nuevo mundo, y el epicentro de las artes, así como del comercio con Europa y las jóvenes colonias norteamericanas.

Pero saltemos a la República, sobre todo para ver el estado de la economía cubana al comienzo de la revolución. Después te contaré sobre las instituciones y la sociedad civil republicanas.

En 1902, apenas inaugurada la república, el presupuesto de Cuba era de unos 14 millones. En 1958 creció a $347,392,000. Entre 1952 y 1956 el gobierno cubano invirtió alrededor de 760 millones de dólares en desarrollo económico y obras públicas.

En 1955 los bancos cubanos y extranjeros tenían en conjunto depósitos por valor de 814 millones de pesos y efectuaban operaciones bancarias, casi todas en cheques, por valor de seis mil novecientos millones de pesos, valorados a la par del dólar norteamericano.

La economía de Cuba creció durante la Colonia y durante la República. Y no solo en la producción de azúcar, ya que en 1958 se producía más de 1 millón de sacos de café, unas 50,000 toneladas métricas de cobre, más de 60 millones de unidades de tabaco, 20,000 toneladas métricas de nickel y 30 millones de libras de henequén. Además se habían industrializado los derivados del azúcar para manufacturar cajas y papel de bagazo mientras que las fabricas producían acero laminado, fertilizantes, productos químicos básicos, cemento, y alimentos para aves y ganado, entre otros rubros. En 1958, en cuba operaban casi 40,000 fábricas y otros miles de pequeños negocios privados.

Durante la República se aumentó el cultivo del arroz, del café, la piña, papas, frijoles, vegetales y la explotación minera. En 1958, la balanza de pago en el comercio exterior fue favorable a Cuba por más de 4,000 millones, y la economía de Cuba ocupaba el número 29 entre las mayores del mundo. Ese año, Cuba exportó a los E.U.A. productos valorados en $546,000,000 el tercero en volumen en América Latina.

En 1958, el salario promedio del trabajador industrial era de $6 diarios. El del trabajador agrícola era de $3, cifra superior al promedio de los trabajadores de Francia, Bélgica, y Dinamarca.

Ese año, el ultimo antes del castrocomunismo, el desempleo era en el orden de 7.07%, el más bajo de América Latina. Y las reservas en oro, dólares y valores convertibles pasaban de $500 millones.

Desde el punto de vista del consumidor, en 1958 el consumo anual de huevos era de 47/pp; el de carne de 95 lbs/pp. En total, el cubano promedio consumía 2,682 calorías diarias. También, 940,000 vacas lecheras producían unos 803,700,000 litros de leche cruda y 1.5 millones de cajas de leche condensada. El consumo per cápita era de 122 litros de leche al año.

Ahora te contaré sobre distintos aspectos de la sociedad cubana precastrista y sus instituciones.

Antes de la revolución, los sindicatos cubanos eran unos de los mejores organizados del mundo y ejercían una gran influencia en la política nacional y en los procesos revolucionarios cubanos. Las huelgas y demandas por mejores salarios y condiciones de trabajo de los sindicalistas cubanos eran más que frecuentes en la sociedad cubana prerevolucionaria.

En el IV congreso celebrado por la CTC (Confederación de Trabajadores Cubanos) antes de la revolución, existían en Cuba 1,183 sindicatos y 29 federaciones independientes. En 1958 la CTC tenía 161,184 afiliados, más o menos la tercera parte de la fuerza laboral. Los empleados cubanos, sobre todo los urbanos, profesionales y técnicos estaban protegidos por numerosas cajas de retiro para su jubilación.

Antes de seguir, te acoto que la historia de Cuba es mucho más compleja que el impacto unicausal o la interpretación maniqueista de las relaciones entre Cuba y los E.U.A. o el legado de España, la herencia de sus dictadores castrenses, el impacto de sus revoluciones o el concepto de soberanía nacional. Por ejemplo, un dictador sangriento como Machado dejó un legado de obras públicas como la carretera central, el Capitolio Nacional y otras. En su primer gobierno de corte nacionalista, Batista construyó carreteras y llevó agua potable a Santiago y Guantánamo. En la antesala de su primera presidencia y durante la misma Batista promulgó leyes de protección a los trabajadores, auspició la Ley de Coordinación Azucarera y creó un Hogar Infantil Campesino por cada 25 escuelas rurales. Durante su gobierno se inició la construcción del Hospital Topes de Collantes para tuberculosos y se inició el reparto de tierras estatales a campesinos y la construcción de hospitales de maternidad obrera, entre otros. En la república, la construcción de obras públicas continúo durante los gobiernos elegidos democráticamente así como durante los gobiernos golpistas.

Hace un rato conversábamos sobre la corrupción y el gansterismo durante las presidencias de Grau y de Prío. Pues bien, a contrapelo de ambos se realizaron numerosas obras públicas como la Terminal de Ómnibus de La Habana, el mausoleo de José Martí en Santiago, la doble vía Rancho Boyeros-Cacahual y otras. A principios del siglo XX se construyó el Palacio Presidencial, el Centro Gallego, el Centro Asturiano; y después edificios de las facultades de la Universidad de La Habana y otras joyas arquitectónicas de la capital. Y qué decir de mansiones como el antiguo palacio Aldama, símbolo de la riqueza de la aristocracia colonial, contrastando con el modernismo arquitectónico de miles de viviendas en La Habana y otras ciudades. O del FOCSA, el primer edificio de apartamentos en el mundo fabricado de hormigón en la década del '50.

Cecilia —Pero bueno, a Fidel le debemos la Plaza de la Revolución donde dan mítines y conciertos.

Polo —Espérate. La Plaza de la Revolución se construyó con el nombre de Plaza Cívica a finales de los 50. La revolución sólo le dio sus toques finales colocando al Che Guevara en el mismo espacio cívico que a José Martí. La Biblioteca Nacional y el Teatro Nacional, ubicados en la plaza, fueron concebidos durante el gobierno democrático de Carlos Prio y construidos a finales de la dictadura de Batista en los años 50. También a finales de la década del 50 se construyó el túnel de La Habana del Este. El túnel del Rio Almendares fue construido entre 1952 y 1953, es decir comenzado durante un gobierno electo y terminado durante otro, golpista.

Cecilia —Pero, ¿Qué hubo de la educación la salud y los deportes, los tres iconos de la revolución desde 1959.

Polo —¿Oíste el chiste de cuáles son los tres grandes triunfos de la revolución?: pues la salud, la educación y el deporte. Y ¿Cuáles sus tres grandes fracasos?: el desayuno, el almuerzo, y la comida.

Cecilia —Lo oí, pero dime ¿fue la revolución el único gobierno que logró estos tres triunfos en toda la historia de Cuba?

Polo —Si te parece, me gustaría repasar estos tres títulos durante la república y de paso añadir otros logros de la cultura y la sociedad cubanas antes de 1959. Creo que así tendrás una respuesta más amplia a tu pregunta.
Empiezo con datos sobre el tema de la salud. En 1958, con una población de unos 6 millones, Cuba tenía el tercer coeficiente de mortalidad por millar en el mundo y el primero en America Latina. En ese último año de la República, Cuba tenía 7,000 médicos graduados y ejerciendo, así como 2,000 dentistas y 90 hospitales públicos que totalizaban 81,000 camas. En la isla había 11 médicos por cada 10,000 habitantes. Compara esas cifras, por ejemplo con los 26 hospitales y dispensarios que tenía la isla en 1902, al comienzo de la república.
Cuba fue pionera en muchos aspectos de las ciencias médicas. Por ejemplo, en 1907 se empleó el uso de rayos X por primera vez en Iberoamérica, así como la aplicación de la ancstesia. Los profesionales en las ciencias médicas comenzaron a formarse en Cuba, aún antes de la Guerra de los Diez Años. Ya en 1863 se daban clases de estomatología en la Universidad de La Habana, y en el 1900 se inauguró la primera escuela dental universitaria. En 1908 el número de dentistas graduados ascendió a 232 y llegó a 2,000 en el 1958; o sea 1 dentista por cada 3,000 habitantes. Los médicos cubanos hicieron contribuciones científicas notables. El descubrimiento del Dr. C.J. Finlay, sobre la transmisión de la malaria por el mosquito anófeles es bien conocida en Cuba. Pero hubo muchos otros. Por ejemplo, en la década de 1940 el doctor A.J. Aballi publicó un estudio global sobre los problemas diarreicos agudos y el papel del beriberi agu-

do en el lactante cubano, así como sobre la avitaminosis en los niños y el papel de las vitaminas en manifestaciones cardiovasculares. En la misma década el doctor Castellanos fue creador de técnicas en la pediatría. Él y otros colegas descubrieron curaciones para la enfermedad de Hand Schuller-Christian con dosis única masiva de vitamina A. Albarran se destacó por sus estudios sobre funciones renales. El doctor Kouri publicó estudios sobre la parasitología y el doctor Chediak recomendó el diagnóstico de la sífilis conocido como la microreacción en una sola gota de sangre disecada y desfibrinada. Otro logro de científicos cubanos fue la transmisión televisiva de una operación del corazón hecha por el Dr. Rodríguez Díaz. La lista, Cecilia, de la contribución de médicos cubanos a las ciencias médicas durante la república fue muchísimo más extensa de lo que se ha reconocido posteriormente. Esto indica lo avanzado que se encontraban las ciencias médicas y los recursos humanos y materiales de la salubridad en Cuba antes de la revolución, sobre todo en las ciudades más pobladas.

Cecilia —¿Pero, eran las carreras medicas accesibles únicamente a las personas de mejor posición económica?

Polo —A pocos años de inaugurada la República, los estudios de medicina y odontología eran accesibles a la mayor parte de los graduados de bachillerato. La matrícula era de $60 al año cantidad que se podía pagar a plazos y había becas disponibles cuya cantidad se prorrateaba entre la cantidad total de alumnos.

Cecilia —¿Conociste personalmente a algunos de estos médicos de familias pobres?

Polo —A muchos, porque fui socio del Círculo Médico de Cuba que tenía una casa Club en la playa de Santa María del Mar. Allí conocí médicos de capitales de provincia y de pueblos de campo, blancos, negros y mulatos que torcieron tabaco o se sacrificaron cuando eran jóvenes para ayudar a sus familias. Muchos vivieron albergados en las casas de amigos o familiares que residían en La Habana. Y conocí dentistas, incluyendo mujeres, que a finales de los 50' ya eran un grupo creciente entre los alumnos de medicina y odontología.

Antes de pasar al deporte y la educación, déjame hablarte sobre otros aspectos de la sociedad cubana pre-revolucionaria.

Desde los años cuarenta, Cuba contaba con un sistema de transporte urbano de guaguas y autobuses públicos. A estos últimos, más modernos y pintados de blanco, los habaneros le decían «Enfermeras». Las guaguas recorrían la ciudad por sólo un níquel (5¢) y después por tres kilos (centavos) más y con bastante regularidad. Por cierto, las guaguas, sobretodo, algunas rutas iban casi siempre abarrotadas de gente y una vez más, el choteo cubano lidió con las molestias a base de chistes y refranes como aquel de «pasito alante barón», o «dale que ya montó», frase que el conductor de la guagua le decía al chofer en voz alta avisándole que ya podía arrancar de la parada.

Continúo con más datos del transporte. En 1958 había 1 km de líneas de ferrocarril por cada 8 kms^2, una guagua urbana por cada 300 personas, un ómnibus interurbano por cada 2,000 personas, y 38 automóviles por cada 1,000 habitantes.

La información en Cuba se diseminaba a través de una extensa red de medios de comunicación social. Ya en 1928 existían 60 emisoras de radio. A principios de la década de 1950 circulaban en Cuba 50 periódicos diarios además de revistas semanales y mensuales. En 1957 dos de ellas, Carteles y Bohemia, tenían una circulación de 320,000 ejemplares. También, 160 emisoras de radio transmitían a través de la isla, más que en Austria, el Reino Unido o Francia. En 1958 se veían en 200,000 aparatos de TV, cinco canales de televisión en blanco y negro y un canal a color, lo que convertía a Cuba en el segundo país del mundo con esa capacidad instalada. ¿Sabes que en Cuba se transmitió un concierto por radio por primera vez en Iberoamérica? Y había un teléfono por cada 28 personas. En fin, ¿qué te parecen estos datos de una Cuba que apenas conociste?

Cecilia —Te lo voy a decir. Pero primero cuéntame de algo que sé que tú aprecias tanto como yo; la vida cultural anterior a la revolución. Tú y yo conocemos los triunfos del Ballet Nacional de Cuba, de Alicia en particular, y del apoyo de la revolución a las artes en general. Pero, ¿y antes? ¿En qué estado se encontraba la vida artística en los escenarios, en las letras y en el mundo intelectual?

Polo —A eso iba. Empecemos por recordar que Alicia Alonso triunfó, en la compañía American Ballet Theater de Nueva York, donde se consagró como primera ballerina, mucho antes de la revolución. Alicia no triunfó en un vacío cultural ni en un medio hostil adverso a la alta cultura, aunque sí algo indiferente a la misma. Te empleo el concepto de alta cultura a la usanza tradicional y no como lo entienden los sociólogos modernos. No te digo esto por quitarle el mérito que merecen muchos discípulos de Alicia como Rosario Suárez, Lorna y Lorena Feijoo, Jorge Esquivel y Loipa Araujo que han triunfado internacionalmente en la era castrista. Recuerdo que, en los años cincuenta, yo conocí a Loipa, cuando era bien jovencita y asistía con su papá a los té bailables del domingo en el Círculo médico de Cuba en Sta. María del Mar.

Continúo con el género musical retrocediendo al año 1824 cuando ya existía una Compañía Filarmónica de Cuba. Veinte años más tarde se funda la Academia de Santa Cecilia. En el 1847 se inauguró el teatro Villanueva con 1,300 butacas, donde se presentaban zarzuelas, obras teatrales, conciertos variados, operas cómicas y operetas francesas. Años más tarde se construyeron otros teatros como el Torrecilla, Cervantes y Albisu. En 1891 los teatros Tacón y Payret presentaban obras liricas.

En el siglo XIX, Cuba tuvo músicos y compositores criollos formados en la isla y en las mejores academias europeas. Ellos llevaron a Cuba lo mejor del mundo clásico operático y crearon el género de danzas, habaneras y contradanzas criollas que supongo habrás disfrutado en conciertos.

Esteban de Salas fue el primer compositor clásico que tuvo Cuba, aunque no el único. Por ejemplo, Ignacio Cervantes, vivió en Europa y fue expulsado de Cuba en 1875 por abrazar la causa independentista. Pero hubo otros músicos clásicos como Manuel Saumell el músico más importante del siglo, el Santiaguero Raffelin, Juan Paris y Espadero. De extracción holandesa, Hubert de Blanck fundó su propio conservatorio en 1885. Él fue un propulsor de la música clásica y semiclasica cubana y abrigó ideales independentistas, por lo que fue expulsado de Cuba en 1895. ¿Y cuántos saben que en Cuba ya se fabricaban pianos en el siglo XIX? De violinistas y autores te cito a los negros José Brindis de Salas, solista aclamado en toda Europa y José White, matancero que fue amigo de Rossini y Franz Liszt durante su estancia en Europa.

Cecilia —Yo entiendo los éxitos de los músicos y compositores blancos que triunfaron en el extranjero, llevaron el género clásico por toda Cuba y fueron precursores de las primeras piezas clásicas cubanas. Pero, ¿y los negros que evidentemente triunfaron en Cuba y por toda Europa, ¿cómo lograron su fama a pesar de ser oriundos de una cultura esclavista y prejuiciada?

Polo —Comprendo tu duda, aunque hay varias razones históricas que lo explican. Comienzo por el censo de 1827 que contó a 6,754 negros libres dedicados a oficios. Entre ellos había 49 músicos o sea el triple de los blancos dedicados a la música entre una población de 16,250 blancos que ejercían oficios. Estos datos indican una población ascendente de negros libres, ya que en ese año los negros libres eran la tercera parte de toda la población dedicada a los oficios, más o menos la misma proporción que entre todos los blancos y negros libres censados; o sea, unos 130,000 negros libres. Entre estos últimos se encontraban mulatos y negros de familias cuyos oficios y profesiones les permitían una vida holgada en las ciudades, incluyendo el aprendizaje de un oficio, profesión o negocio.

En segundo lugar, la música era una vocación bien remunerada ya que en las principales ciudades cubanas de los siglos XVIII y XIX, sobretodo en La Habana y en Santiago, las fiestas y bailes eran numerosos. Sin embargo, la profesión de músico no era bien vista por los aristócratas criollos que preferían ver a sus hijos convertidos en abogados, comerciantes, o médicos.

Por esas razones la mayoría de los músicos que tocaban en los teatros, en veladas musicales y en los bailes «de tono» de los aristócratas blancos, eran negros o mulatos que gozaban del favor de los bailadores en sus interpretaciones de contradanzas, valses y polcas. Las familias cubanas de plantadores, la realeza criolla y peninsular, los comerciantes y sus pares gustaban de organizar bailes y ambigús de madrugada los fines de semana en sus palacios, palacetes y casas solariegas de extramuros, aunque con menos frecuencia cuando vacacionaban en sus casonas campestres o viajaban fuera del país.

La vida de la aristocracia habanera del dieciocho transcurría en medio de funciones teatrales, conciertos en casas señoriales y paseos de jovencitas en quitrines y de jóvenes montando caballos de raza por el Paseo de Isabel, II. Desde principios del siglo XIX se estimaba que en La Habana solamente había unos cincuenta bailes públicos, o de «cuna», los fines de semanas donde se mezclaban los negros y mulatos con algunos blancos al ritmo de orquestas de color.

Cecilia —Papi, ¿Dónde estaba ese Paseo de Isabel II que mencionaste?

Polo —Era El Prado.

Cecilia —¡Ah!

Polo —Y añádele las actividades de recreo y culturales en decenas de sociedades regionales y mutualistas que no cesaron en La Habana ni siquiera durante la guerra de los 10 años.

Las sociedades filarmónicas cubanas florecieron por toda Cuba en el siglo XIX, en Matanzas en 1829, en Santiago de Cuba en 1833; en Puerto Príncipe (Camagüey) en 1842; en Cienfuegos en 1850; y en Santa Clara en 1852.

A partir de 1830 una compañía de ópera italiana recorre la isla con piezas clásicas como Norma y Lucía. Después llegan compañías de ópera italianas, españolas y europeas. En medio de la guerra de los 10 años se presentan la compañía de Zarzuelas de Gaztambide y después la Ópera Bufa de la Aimeé.

Años más tarde la guerra de 1895-98 se libró a lo largo de la isla y afectó el ritmo de toda la vida social de Cuba.

En 1902 llega la república y se oye en Cuba «La Fanciulla del West», de Puccini y cantan en La Habana consagrados como Enrico Caruso. Hipólito Lázaro, Schipa y Gigli. También Francisco Fernández Dominicis, tenor cubano que cantó 12 temporadas en la Scala de Milán, teatro referente de la ópera italiana. A estos se unieron Zoila Gálvez, la primera soprano Iberoamericana y Marta Pérez la segunda en cantar en la Scala de Milán. Y qué decir de la actriz Sarah Bernhart, «La Divina Sarah», quien vivió un romance con Mazzantini, el torero, en el hotel Inglaterra de La Habana. Por cierto, «Mazzantini el torero» fue un personaje alegórico conocido y citado en la cultura popular cubana de los años cincuenta.

Antes de la revolución, La Habana llegó a tener 600 cines, uno de ellos el Blanquita con 6,600 lunetas, 500 más que Radio City Music Hall en Nueva York. La música cubana de Lecuona se propagó por todo el mundo en temas de películas de Hollywood. Entre los primeros embajadores de la música cubana moderna en los E.U.A. están Xavier Cugat; Don Aspiazu; Desi Arnaz, pionero en el uso de tres cámaras en la televisión norteamericana; Mario Bauzá; Chano Pozo, compositor de Jazz afrocubano junto a Dizzy Gillespie; Arsenio Rodríguez, conocido como el padre de la Salsa y Dámaso Pérez Prado, que estuvo 15 semanas en el Hit Parade norteamericano.

La riqueza musical cubana ha crecido desde las contradanzas de Saumell y las danzas de Cervantes, pasando por la Habanera que Bizet incluyó en su Carmen, «La Habanera Tú», de Sánchez de Fuentes, la Guajira, las Romanzas de María la O y Rosa La China, así como canciones eternas como Corazón, de Sánchez de Fuentes y Valses como Damisela Encantadora. Y sones cubanos como los del Trio Matamoros y Eliseo Grenet. Y danzones por los cientos; y pregones, congas y guarachas; y todavía me falta. En la década de 1950 autores como Portillo de la Luz, Frank Dominguez, José Antonio Méndez y Adolfo Guzmán por citar algunos de los más conocidos, llevaron el filin a los clubes nocturnos habaneros y a los escenarios de Europa y América Latina.

Cecilia —En la década de 1960 mi generación fue más influida por músicos populares como Pello el Afrocán y su ritmo mozambique, el cuarteto de Meme Solís, Las Zafiros, el dúo de Mirta y Raúl: y luego los Van Van y el grupo Irakere. Y por supuesto los cantantes del movimiento de la Nueva Trova, sobretodo Pablo y Silvio. También oíamos de vez en cuando canciones de filin con Elena Burke y Omara Portuondo y canciones del Bola y del Benny. Yo tengo varias grabaciones de Celia Cruz, vetada en Cuba, que mi tía me trajo de Miami. También de artistas exiliados, también prohibidos en Cuba, tales como Albita, Willy Chirino y Gloria Estefan, conocida en todo el mundo. Y qué decir de los triunfos internacionales de Arturo Sandoval y Paquito de Rivera, formados en la escuela musical de mi época y exiliados desde hace años.

Polo —De las orquestas bailables de la Cuba Republicana, ni se diga; desde Arsenio Rodríguez, el Conjunto Casino, Arcaño, Machito, La Sonora Matancera, Chappottín, La Femenina Anacaona, Los Guaracheros de Oriente, La Aragón y Casino. Nunca supe de un conteo perfecto pero creo que si sumáramos las orquestas, solistas, compositores, dúos, tríos, cuartetos, y cantantes estaríamos hablando de cientos de artistas que no sólo triunfaron en Cuba antes de la revolución, sino que crearon música criolla, la llevaron por todos los rincones del planeta y la compartieron con su pueblo a través de la radio, la TV, el Cine, los teatros, bailes, conciertos y las más de 10,000 victrolas que tocaban música en Cuba en el año de 1954.

Cuba también produjo glorias mundiales en esferas como la filosofía, las letras y el derecho internacional. Ya en el siglo XVIII el Obispo Espada crea las cátedras de Matemáticas y Derecho Político en el Seminario de San Carlos; y en la Universidad de La Habana, Medicina, Matemáticas y Leyes, entre otras. En el XIX el Padre Caballero creó el método electivo de cursar asignaturas y enseñó Física experimental. Su discípulo Félix Varela se unió a estos reformadores de la enseñanza escolástica medieval, tomó principios del escepticismo de René Descartes, e instituyó la enseñanza en español en vez del latín.

Cecilia —Me imagino que en los siglos XVIII y XIX todas estas cosas eran realmente innovadoras y quizás consideradas hasta peligrosas.

Polo —Lo eran, y pudiéramos decir que este impulso de innovar, renovar, o rebelarse contra lo establecido ha sido parte del carácter del criollo cubano desde hace siglos.

Cecilia —Hummm. Ahora recuerdo haber oído que Félix Varela fue el primero que enseño a pensar a los cubanos y lo hizo basado en el amor a Dios, a la patria y a la libertad.»

Polo —Entre los siglos XVIII y el XIX todas estas ideas liberales hacen efervescencia y surgen reformistas como el padre Caballero, Varela, José A. Saco y José de la Luz y Caballero. Ellos asistieron y dictaron catedra en el Seminario San Carlos y en la Universidad de La Habana. Se desenvolvieron en un espacio intelectual apoyados por La Sociedad Patriótica y en publicaciones como el Papel Periódico y memorias de la Sociedad Patriótica, la Sociedad Económica de Amigos del País y la Academia Cubana de La Literatura y por la llegada de la imprenta a principios del siglo XVIII.

Y qué decir de la poesía de Heredia, o de las contribuciones científicas y ambientales de Tomas Romay, Felipe Poey y Ramón de la Sagra.

El siglo XIX explotó en publicaciones y tertulias críticas y literarias. Solo te añado La Revista Bimestre Cubana, de Saco, el periódico La Aurora de Matanzas, el diario Noticiero y Lucero de La Habana.

Las artes plásticas brillaron por la calidad de la enseñanza en la Academia de San Alejandro y la presencia de grandes maestros creadores de una escuela cubana como fueron Esteban Chartrand, Escalera, Peoli, Miahle, Landaluce, Melero, Víctor Escobar y Vermay. En la literatura, la gran obra costumbrista «*Cecilia Valdés, o La Loma del Ángel*», de Cirilo Villaverde, inspiró una zarzuela cubana que lleva tu nombre y que estoy seguro que has oído a menudo.

Entre los más reconocidos en la enseñanza y la cultura popular estuvieron figuras de distintos estamentos sociales como los poetas y autores Gabriel de la Concepción Valdés «Plácido»; Domingo del Monte; la Avellaneda, que se codeó con la aristocracia madrileña, al punto que el rey de España fue testigo de su boda; Rafael María de Mendive, poeta y maestro de José Martí, y Juan Clemente Zenea.

Otros intelectuales de la segunda mitad decimonónica se asociaron en grupos que favorecían la autonomía, el separatismo, o el integrismo. Entre ellos florecieron brillantes oradores y políticos como Montoro, Fernández de Castro, Arango y Parreño, Cortina, Dolz, Sanguily, Zambrano y Diego Vicente Tejera.

Te he dado un rápido e incompleto recurrido por los comienzos de la alta cultura cubana. Pero antes de entrar en la república termino con José Martí, también muy brevemente, porque es el más fácil de reconocer por el cubano de hoy en día. Además, su obra pudiera influir en ciertos rasgos contradictorios o al menos ambivalentes de la idiosincrasia cubana, tales como su rechazo al opresor colonial, a la par de su amor por la patria grande; o la referencia a su vida en las entrañas del monstruo y por otra parte su admiración por el vecino del norte y su pueblo, al que llamó un rebaño de reyes.

Cecilia —Ya te lo iba a decir. ¿Cómo hablar de los intelectuales cubanos del XIX sin mencionar a José Martí?

Polo —Me parece que sé por dónde vienes. Por eso empiezo por separar, aunque sea artificialmente, al Martí patriota del Martí intelectual y el aporte de éste a la alta cultura cubana e hispanoamericana.

Cecilia —Pero, ¿son inseparables?

Polo —Sí y no. Si bien la literatura Martiana tiene un inmenso contenido patriótico, su obra literaria hubiera brillado por sí misma debido a su profundo sentido humanista y su innovación en las estructuras poéticas tradicionales. Martí fue un poeta reconocido como precursor del Modernismo por el mismo Rubén Darío, como diplomático, representante de países sudamericanos, como periodista en tres idiomas, como filósofo sobre el ser y la humanidad, como historiador, o al menos ensayista, sobre temas y personajes históricos, como maestro, y como cronista de viajes. Y te hablo de un hombre que solo vivió cuarenta y dos años, dedicados desde su adolescencia a la libertad de Cuba por encima de cualquier otra actividad o vocación. Las ideas de Martí han sido estandarte de numerosos políticos y guerreros cubanos de diversas tendencias, a veces opuestas. Mira por qué te digo esto.

La oratoria martiana es a veces universal y rica en parábolas como la hermenéutica bíblica, y otras, clara y fogosa como su visión política de una Cuba libre y soberana. Sus discursos de largas y complejas oraciones y múltiples alegorías a los clásicos griegos y romanos contrastan con la claridad y sencillez de su poesía llena de un humanismo que cala en lo más profundo de nuestros sentimientos.

Cecilia —Papi, me perdiste un poco.

Polo —Comprendo; por eso te voy a dar un par de ejemplos textuales del contraste y la complejidad del pensamiento político Martiano. Por una parte Martí dijo que a «España se le puede amar»; y por la otra que «la sima que dividía a España y Cuba se ha llenado, por la voluntad de España, de cadáveres «no vive sobre los cadáveres amor ni concordia, no merece perdón el que no supo perdonar». Y por otra parte dijo que «mañana que Cuba sea libre, será para los cubanos y españoles y para todos los hispanoamericanos». También dijo que «hay odios excusables, que nacen de una aberración, de una abstracción, de una pasión nacional»; y en otra cita que «ni odio contra los que no piensan como nosotros...». Y qué decir sobre los E.U.A. Ya te mencioné la metáfora lapidaria favorita de la revolución, «viví en el monstruo y le conozco las entrañas», aunque dijo en otra cita «...esta vida del norte, ejemplar hasta en sus mismos vicios». Y también refiriéndose a los E.U.A. «allí no hay más maravilla que el respeto a los derechos humanos y la facilidad por él originada de acumular fortuna». Los pensamientos de Martí abarcan miles de citas sobre cientos de temas que han aparecido en libros, revistas y periódicos en varios países y que abarcan desde lo abstracto, como el alma y el espíritu, hasta lugares, personas y acontecimientos, así como distintas perspectivas de la realidad. Te digo todo esto con el solo propósito de resaltar la altura intelectual de Martí y sus conocimientos enciclopédicos, supeditados a la guerra del noventa y cinco y cercenados por su muerte prematura el 19 de mayo de ese año.

Retomo el tema de la cultura cubana en la era republicana. Sin ser los prohombres del diecinueve, durante la República surgen poetas notables como Boti y Agustín Acosta, además de Ballagas, Florit y Guillén preocupados por la poesía social. Y escritores, periodistas, filósofos y académicos como Francisco Ichazo, Jorge Mañach, Calixto Masó, Feliz Lizaso y Juan Marinello. La lista es bien extensa.

Durante la época republicana proliferaron grupos literarios como el grupo de los Trece y el grupo Minorista. Entre los novelistas están Emilio Bacardí quien escribe novelas históricas, Lino Novas Calvo, Carlos Loveira, Alejo Carpentier, traducido en varios idiomas y Enrique Labrador Ruiz.

Cuba produjo oradores del más alto calibre desde el siglo XIX hasta la era republicana.

En múltiples foros y academias como el Ateneo de La Habana, la Academia de Ciencias, la Convención Constituyente de 1940, El Parlamento, y la *Revista Bimestre Cubana*, entre otros, se leyeron y escribieron ensayos y discursos patrióticos de numerosos eruditos y tribunos. Por ejemplo, Antonio Zambrana, el orador del 68'; los autonomistas Montoro, Miguel Figueroa y Giberga; los independistas Martí y Sanguily; y ya en la era republicana Orestes Ferrara, Dolz, Zayas, José Manuel Cortina y Antonio Sánchez de Bustamante, entre los más conocidos.

En la rama del derecho se destacaron Antonio Sánchez de Bustamante, autor de obras sobre Derecho Internacional y otros como José Antonio González Lanuza y Ricardo Dolz. Fernando Ortiz no solo dicta catedra en temas de la nacionalidad, raciales y arqueológicos cubanos, sino que es reconocido como el creador del concepto de la transculturación, —el ajiaco cubano—, que fue adoptado por el mismo Malinowsky, sociólogo y fundador de la antropología social. Lydia Cabrera etnóloga, educada en Europa y los E.U.A. fue pionera y fuente principal de la investigación sobre el folclore y las religiones afrocubanas, y autora de numerosos libros.

Rafael Esténger se destaca como biógrafo y Ramiro Guerra como historiador. Néstor Carbonell, además de historiador y ensayista, publica biografías de sus abuelos.

Los pintores cubanos expresaron su arte en estilos que incluyen el vanguardismo, realismo, impresionismo y cubismo. Probablemente hayas oído hablar de Wilfredo Lam que triunfó en Paris y los E.U.A. y que está reconocido entre los grandes pintores modernos del mundo.

Te he nombrado varios creadores de la herencia cultural cubana. Pero no exagero si te digo que hay otros cientos que pudiera incluir en mi relato.

Cecilia —La revolución ha reconocido la obra de Lam y de otros como Víctor Manuel afiliado al primitivismo, Ponce, Gattorno, Mijares, Archc, Carreño, Amelia Pelaez, todos nombres cuyas obras se cotizan mundialmente, en especial en América Latina, los E.U.A. y Europa. Mi tía América nos contaba que las obras de los grandes pintores cubanos se vendían en Miami como pan caliente apenas llegaban de Cuba, subrepticiamente, o de Europa o América Latina dependiendo de cómo se sacaran de Cuba. Ella vió la obra maestra de Lam, La Jungla, colgada en una inmensa pared del Museo de Arte Moderno en Nueva York.

Polo —Pasemos ahora a los deportes, el segundo de los triunfos reclamados por la Revolución. Cuba se destacó en los deportes desde mucho antes de la Revolución. Entre los campeones mundiales están el esgrimista Ramón Font y el ajedrecista Raúl Capablanca.

En 1951 el campista Rafael Fortún ganó medalla de Oro en los primeros juegos Panamericanos en Buenos Aires. Después, en los juegos de 1955 Berta Diaz ganó medallas de Oro y Plata en campo y pista.

Entre los boxeadores cubanos ganadores de títulos mundiales están Kid Chocolate, Kid Gavilán y Luis Manuel Rodríguez.

En pelota, entre los más conocidos triunfadores desde 1902 en equipos norteamericanos de grandes ligas están Conrado Marrero, Adolfo Luque, Luis Alomá, Edmundo Amorós, Sandalio Consuegra, Lino Donoso, Roberto Estalella, Orestes Miñoso y Willy Miranda. Y puedo remontarme a 1923 cuando Martín Dihigo debutó en un equipo de grandes ligas. Dihigo fue el único pelotero cubano entronado en los Salones de la Fama de Cuba, México y los E.U.A. A finales de la década de 1950 Cuba tenía un equipo de nivel AAA y estaba cercana a tener un equipo que representaría a Cuba en las grandes ligas.

Cecilia —¡Cuanta información interesante! Ahora, para terminar con los antecedentes de los tres iconos revolucionarios, cuéntame sobre la educación y sus logros antes del 1º de enero de 1959.

Polo —A eso iba, resumiendo algunas estadísticas sobre la educación en Cuba. 1958 fue el último año antes de la revolución castrista, cuando la población de Cuba era de unos seis millones de habitantes, la mitad de ahora. En 1958 Cuba ocupaba el tercer lugar en latinoamérica en cuanto al porcentaje más bajo de analfabetos por cada 100 habitantes. Con un 23.6% solo era aventajada por Argentina y Costa

Rica. Ese año Cuba tenía 21 institutos de Segunda Enseñanza, 13,321 aulas urbanas y 4,825 aulas rurales de primera y segunda enseñanza. Dicho esto, te apunto que la desigualdad entre la ciudad y el campo se reflejaba claramente en la educación. Por ejemplo, en las zonas rurales de Cuba se graduaba 1 estudiante de Bachillerato o Comercio por cada 38 graduandos en zonas urbanas.

En cuanto a la enseñanza universitaria, Cuba tenía unos 20,000 alumnos matriculados en 7 universidades públicas y 5 privadas, la mayoría en La Habana y al menos una en capitales de provincia. Su coeficiente universitario era de 3.8 estudiantes por cada 1,000 habitantes. En 1958 había 4,924 escuelas cívico-rurales que educaban a los sectores más pobres y marginados del campesinado cubano.

Además, entre las escuelas de enseñanza especializada había 19 escuelas de comercio, 7 escuelas de artes plásticas, 22 escuelas técnicas-industriales, 6 escuelas de periodismo, 12 escuelas normales de maestros con 7,772 alumnos, 14 escuelas normales para maestros de kindergarten y 14 escuelas del hogar.

Pues bien, Cecilia, creo que te he dado una visión general de nuestro desarrollo económico y sociocultural a pesar de la violencia, la corrupción y la desunión, aunque te repito que faltaron datos sobre el desarrollo de Cuba antes de la revolución y del progreso de la isla en el contexto de la comunidad internacional y otras esferas de la sociedad.

Además, pienso que la información que he compartido contigo te da una buena idea sobre cada tema. Y aunque abundara más, los datos seguirían incompletos ya que no hay forma humana de que una persona pueda enterarse de todo lo que pasa o ha pasado en su país, durante su vida, o anteriormente.

Cecilia —Oye papi. Me gustaría que comparáramos ese gran desarrollo de Cuba que me has contado con la situación actual de la isla.

Polo —Perfecto. Empecemos por la emblemática industria azucarera cuya zafra dirigida por Fidel en 1970 no cumplió su meta de producir 10 millones de toneladas de azúcar. Quizás, su fracaso, a pesar de emplear y desarticular grandes sectores de la economía cubana y extender su duración se pudiera explicar con aquella frase, popular entre los trabajadores voluntarios en los cañaverales que aconsejaba; «compañero, no cojas lucha que la caña es mucha».

Cecilia —Te añado que entre 1989 y 1998 el Producto Interno Bruto cubano descendió en un 35 por ciento, el peor en las Américas y el Caribe, excepto Haití. En los noventa, Cuba amaneció sin lo que quedaba de la riqueza que dejó el capitalismo y sin la economía subsidiada por la Unión Soviética a la que los cubanos se habían acomodado y que alivió por un tiempo las deficiencias de la economía cubana.

En 1998 la economía cubana estaba estancada y su nivel era similar al de 1983. La balanza comercial tenía un déficit de 278,000 millones de pesos y un aumento de más de un 10% de la deuda en moneda dura; eso sin incluir las deudas al bloque socialista por valor de once mil millones.

Luego de la desaparición del bloque soviético la situación económica hizo crisis durante el período especial decretado por Fidel y no ha mejorado notablemente, aún con los subsidios petroleros de Venezuela y algunos préstamos blandos de China, Rusia y otros países.

De hecho, la economía cubana actual depende en extremo del turismo y de los más de dos mil millones de dólares en remesas que los cubanos residentes en los E.U.A. envían a Cuba anualmente. Además, no existen cifras oficiales que midan el valor de las mercancías o el dinero en efectivo que más de 200,000 cubanos residentes en los E.U.A. llevan a Cuba todos los años, desde televisores, piezas de repuesto y refrigeradores hasta uniformes escolares cubanos confeccionados y vendidos en Miami. Aparte del turismo, el gobierno cubano recibe alrededor de cinco mil millones de dólares, enviados por varios países a cambio de los servicios de médicos, enfermeros y dentistas que el gobierno cubano les envía.

¿Quién iba a creer que después de las confiscaciones y la eliminación de la propiedad privada y de los insultos y actos de repudio a los cubanos, yéndose o escapando a los E.U.A., el Marxismo Leninismo cubano dependería de las remesas y mercancías que los exilados y emigrados cubanos enviaran o llevaran a Cuba anualmente?

Polo —Cabe entonces preguntarse que si la violencia, la corrupción y la desunión no detuvieron el desarrollo socioeconómico y cultural de Cuba antes de la revolución ¿qué lo detiene ahora?

Cecilia —Si uno se plantea, por ejemplo, que el deterioro de la economía y el nivel de vida se debió al embargo, o al bloqueo como le llama el gobierno cubano, ¿cómo explicar que el embargo impida que se siembre suficiente caña o yuca, o que crezcan mangos y aguacates en las matas?; y ¿cómo pueden llegar a Cuba remesas por valor de más de dos mil millones de dólares anuales, más otras mercancías, no sólo de los E.U.A. sino del resto del mundo si hubiera un verdadero bloqueo como, por ejemplo, el de la cuarentena naval norteamericana impuesta para impedir que Cuba recibiera armas nucleares de la Unión Soviética en 1962? ¿Y cómo es que la comida y otras mercancías y servicios aparecen de pronto cuando el gobierno «libera» su venta sin grandes controles?

También ¿cómo es posible que en los hoteles, tiendas y centros turísticos se pueda comprar productos de los E.U.A. desde cigarrillos y refrescos hasta equipos electrónicos y artículos de lujo, siempre que se pague en moneda convertible o en CUC, apodados «Chavitos»?

Polo —¿Cómo explicar, entonces, los desabastecimientos revolucionarios? Pienso que entre otras cosas los problemas surgieron al centralizar la gestión económica, eliminar la propiedad privada de casas, inmuebles y negocios privados desde ingenios azucareros hasta las carretillas de viandas y los sillones de limpiabotas, incluyendo el ejercicio privado de las profesiones como la medicina y la arquitectura. El gobierno nacionalizó las inversiones extranjeras y asumió la administración total del país bajo la tutela y co-gestión de las Fuerzas Armadas y el Partido Comunista Cubano. Por ahora, no encuentro una explicación mejor al fracaso de la economía cubana que las políticas implantadas en los albores de la revolución.

Cecilia —Tras la desaparición del bloque soviético y el surgimiento de la nueva Rusia, el fracaso de la economía socialista cubana se hizo evidente, al punto que hasta los mismos Fidel y Raúl lo han reconocido, en un par de ocaciones.

Polo —Pero déjame hacerte otra pregunta; ¿Crees que el fracaso del modelo socialista cubano también se debió a la falta de compromiso por parte de los trabajadores y del pueblo?

Cecilia —Déjame ver cómo te contesto eso porque creo que la improductividad de la fuerza laboral y la inercia del ciudadano en general se deben a la falta de incentivos económicos tales como sueldos bajos, pagados en pesos cubanos de poco valor, mientras los alimentos básicos son cada vez más caros: la prohibición total y más recientemente parcial del trabajo por cuenta propia; una tarjeta de racionamiento alimentario mínima y eso cuando puedes encontrar los alimentos que «están dando» como se dice en la calle. Añádele a todo esto los apagones, la escasez de agua corriente, viviendas insuficientes y en mal estado, la insalubridad, la basura en las calles y la escasez de cosas básicas como el jabón y las sábanas en hospitales y clínicas del cubano de a pie. Por otra parte, el trabajador cubano se inhibe de proponer iniciativas más allá de lo establecido, por temor a «significarse», como se dice en cubano y ser víctima de represalias, en caso de equivocarse o «pasarse de la raya».

Polo —Entonces, concluyo que este conjunto de factores ha terminado afectando a todos los cubanos por igual.

Cecilia —¡Qué va! Eso supondría una sociedad utópica, igualitaria; algo así como un comunismo perfecto que nunca ha existido en Cuba. Hoy en día la vida es un reto para la mayoría de los cubanos. Pero no todos lo enfrentan con los mismos recursos. En Cuba se ha acuñado la palabra, «resolver» que acoge un sinfín de maneras de lidiar con las penurias revolucionarias según tu posición en la pirámide social cubana, la cual es imposible de medir convencionalmente por la falta de datos precisos. En general, resolver puede significar desde salir a la calle con una javita todos los días a «ver donde hay», hasta cambiar sexo por mercancías, buscar un transporte para llegar al centro de trabajo, alquilarle un cuarto a un turista, permutar una vivienda, montar un paladar, o casarse con un extranjero para poder emigrar. La mayoría de los cubanos emplean buena parte de sus vidas tratando de resolver, o de emigrar en muchos casos. La proporción de los que desean emigrar es abrumadora entre la juventud.

Ahora te explico por qué algunos cubanos resuelven mejor que otros. Los que menos resuelven son los jubilados sin familiares en el extranjero y los negros como grupo racial. Los primeros porque la magra pensión que reciben en pesos cubanos no alcanza para mucho. Y los negros debido a varias razones. Una de ellas es el alto nivel de desempleo por tener menos acceso a los mejores trabajos en la industria turística y en empresas con capital mixto. También porque el número de negros cubanos en los E.U.A. es mucho menor que el de los cubanos blancos lo que reduce el recibo de envíos a los primeros. Finalmente, porque los negros representan una proporción altísima de la población carcelaria en Cuba muy superior a su representación demográfica. Claro que los negros cubanos que tienen familia en el Norte tienen un estándar de vida superior, desde viviendas bien equipadas hasta dólares para resolver, al igual que aquellos negros empresarios, administradores y militares con mayor acceso a los bienes y recursos del Estado.

Polo —Pero, ¿no estás generalizando?

Cecilia —Indiscutiblemente, pero así son las estadísticas. Te dan una idea sobre un grupo de personas que comparten ciertas características, aunque estas no se apliquen a todo el grupo.

Polo —Bien, pero ¿cómo situarías al resto de la población en los estamentos medianos de la pirámide social, es decir los que resuelven algo mejor que los jubilados y los negros?

Cecilia —Hay dos grupos que son como una especie de clase media, cubana actual, aunque uno con algunas condiciones mejores que el otro.

El primero incluye a trabajadores que logran apropiarse de bienes o servicios «por debajo de la mesa» para venderlos o cambiarlos; los que alquilan cuartos; algunos cuentapropistas o pequeños empresarios; y algunos profesionales. También, trabajadores como los grupos civiles de la FAR, o los que prestan servicios como los taxistas y algunos pequeños agricultores que siembran y crían para su consumo y comercio. También en este grupo intermedio, aunque con ingresos algo superiores están los trabajadores de la industria del turismo con acceso a propinas en dólares o euros, o a regalos, los administradores de empresas, los profesionales con mayor demanda como médicos y dentistas, los cubanos con familiares en el extranjero —quizás la tercera parte de la población— que les envían remesas y les llevan mercancías. Al igual, los oficiales de la policía y otros militares que reciben coimas de empresarios cuyas prácticas exceden los márgenes legales.

En el estamento socioeconómico más alto, estrecho y privilegiado de Cuba están los altos oficiales de la FAR y los organismos de la Seguridad del Estado, los altos funcionarios del PCC y del gobierno, y los macetas, o grandes empresarios que negocian en grande con el visto bueno del gobierno y hasta repatrian dólares a los E.U.A. y América Latina. Los miembros de este grupo, incluyendo a sus familiares resuelven sin ningún problema, siempre que no caigan en desgracia, en última instancia por decisión de los hermanos Castro quienes, desde la cúpula, tienen la última palabra sobre quien ingresa y permanece en este estamento de la pirámide.

En la Cuba de hoy las diferencias entre los estamentos sociales más altos y los más bajos se hacen cada vez más evidentes.

No todos los cubanos tratan de «resolver» en el marco de las relaciones sociales que sostiene la mayoría del pueblo. Hay otros que adoptan conductas extremas, bien para escapar de la realidad cotidiana, o para ganar méritos revolucionarios.

Empiezo con los que escapan de la realidad como reacción a la desesperanza e inmovilidad social y económica a plazo indefinido. Ellos contribuyen a que Cuba tenga uno de los índices más altos de alcoholismo y el más alto de suicidio en Latinoamérica. Otra forma de escapar mucho más conocida que la anterior es la emigración informal en botes, o en frágiles balsas de fabricación casera echadas al mar con la esperanza de cruzar el estrecho de la Florida y llegar a los E.U.A.

Se calcula que unos 30,000 cubanos han desaparecido en el mar tratando de huir de Cuba desde 1959.

Polo —No tenía idea de que fueran tantos.

Cecilia —Y aparte de los que escapan, hay otro grupo —no sé cuántos— cuyas conductas extremas se han destacado durante el castrismo, bien sea para ganar méritos revolucionarios, o para obtener alguna prebenda del gobierno. Estos han desarrollado una actitud indolente hacia los problemas del prójimo y un estilo de vida donde todo vale si conlleva algún beneficio material. Este egoísmo llevado al extremo ignora cualquier tipo de creencia o receta moral y los lleva a ser partícipes en golpizas y actos de repudio, a delatar el vecino, —a veces un familiar—, o a darle la espalda a los abusos que se cometen, por ejemplo, contra las Damas de Blanco. También a abandonar su familia para emigrar más fácilmente. Esa especie de nihilismo carece de contrapesos institucionales que no sean aquellos valores impuestos por la revolución. La indiferencia hacia el dolor o la necesidad ajena, o peor aún, el aprovecharse de ella, sumada a la pobreza y a las desigualdades sociales creadas por el régimen, han contribuido a un estado de desconfianza social donde las quejas del gobierno se susurran, aclarando siempre que se hacen «dentro de la revolución». Hace años que el cubano de a pie, vive una doble moral, resolviendo para subsistir, fingiendo su apoyo a la revolución y esperando que las cosas cambien algún día no muy lejano.

Ah, pero te añado otro ejemplo de cómo el gobierno no solo ha promovido la desunión, las divisiones y la insolidaridad, sino que además las ha oficializado. Hace años el gobierno revolucionario auspicio el aislamiento territorial al prohibir la migración nacional, es decir dentro de Cuba misma. O sea, no te puedes mudar, digamos de Camagüey a La Habana sin autorización del gobierno. Por otra parte, el gobierno trajo muchos orientales a La Habana para convertirlos en policías. Aparentemente, los nuevos reclutas no tendrían lazos familiares o de amistad con los habaneros y por tanto serían más propensos a la delación y la represión de la población y al apoyo incondicional a un gobierno que les dió una vida mejor en la capital.

Hablando de los orientales, no sé quien le puso el apodo de palestinos a los orientales y otros cubanos sin recursos que se mudaban a La Habana ilegalmente y se hacinaban en villas miseria erigidas al estilo del antigüo «Llega y Pon» habanero.

O sea, tienes a policías sin vínculos sociales con la población que deben proteger y a un grupo de cubanos percibidos por sus conciudadanos como palestinos, o sea, como los extranjeros residentes en campamentos de refugiados en el medio oriente.

Claro que la falta de cohesión social o el egoísmo personal, siempre han existido. Yo sé por mi familia que han sido parte de la historia de Cuba. La diferencia radica en que la revolución los ha multiplicado y semi oficializado. Antes de la revolución, la crianza hogareña, las enseñanzas escolares, los medios de comunicación social, las instituciones religiosas y los valores culturales establecían reglas de comportamiento personal y colectivo. Eran conductas a emular que favorecían la responsabilidad, el estudio, la honestidad y el respeto a la dignidad humana. Y aunque no siempre se acataran o respetaran, estas prescripciones servían como guías y parámetros de la vida social y la conducta personal.

Polo —La insolidaridad que me has descrito es algo nuevo en nuestra historia y va más allá de la desunión de que te hablé anteriormente. Aún en medio de la violencia de la porra machadista, o de la dictadura batistiana del 10 de marzo, personas e instituciones de la sociedad civil, incluyendo miembros del gobierno podían interceder exitosamente por un detenido. Así fue que Monseñor Pérez Serantes le salvó la vida a Fidel tras el ataque al Moncada. En Cuba hubo familias que estaban divididas, a favor o en contra, durante las dos revoluciones que se opusieron a gobernantes de facto presionados a renunciar en el 1933 y el 1958. Sin embargo esta división no interfería con la unidad de la familia o de otros grupos primarios tales como los vecinos y grupos fraternales.

Pero bueno, ya hemos regresado de nuestra caminata que fue muy fructífera. Ahora que estamos sentados en nuestros troncos acostumbrados, mirando la playita de Topos, pienso que sería interesante repasar aquellas ideas que pudieran ser útiles a los futuros líderes cubanos cuando los miembros de la Generación del Centenario no ostenten el poder en Cuba. Y quiero que seas tú, que representas una generación más joven, criada en la revolución, la que lo haga.

Cecilia —No; claro que sí, papi. De cualquier modo ambos hemos recordado hechos históricos de distintas épocas y creo que los hemos interpretado similarmente.

En cuanto a los tres factores que dieron origen a nuestro dialogo, la violencia política parece ser el que más deben evitar los futuros líderes políticos cubanos. Digo esto porque los otros dos, la corrupción y la desunión no impidieron el desarrollo económico o el progreso socio-cultural de Cuba ni en la Colonia ni en la República, ni violan en sí mismos la integridad física o la vida misma del ciudadano. Sin embargo, la violencia política sí pudo detener el desarrollo económico durante la guerra de 1895-98 y hoy en día el castrismo la justifica como necesaria para defender la revolución, al margen del fracaso del orden socioeconómico impuesto desde 1959.

A veces la violencia conlleva la muerte, la tortura y la intimidación como métodos para conservar el poder o neutralizar a la población. El castrismo ha institucionalizado la violencia añadiéndole un carácter semioficial a la luz de leyes y decretos revolucionarios que, a veces se utilizan como un marco legal a sus prácticas arbitrarias.

Polo —No sabes lo que me ha impresionado tus apreciaciones sobre temas políticos y sociales que no se estudian a fondo en la carrera de medicina.

Cecilia —Ay papi; mira: es que aparte de la enseñanza de las ciencias, la revolución trataba de adoctrinarnos en todo lo que podían. Pero casi nadie creía en eso. Además, tuve la suerte de que mi abuelo tenía una biblioteca muy completa en la casa de Santa Clara, y yo conversaba de estos temas con otros compañeros. Leíamos todo lo que se podía conseguir; y mi tía América siempre traía las noticias y publicaciones del momento. También me matriculé en algunos cursos de psicología, materia que siempre me ha interesado.

Hace un rato te dije que la revolución tenía la suerte de depender continuamente de otros. ¡Y quien iba a decir que también dependería de los que ellos llamaban gusanos y Plattistas que ahora les surten de todo anualmente!

Polo —En mi tiempo, casi no había contactos con los cubanos que se iban, y muy pocos volvían ni siquiera de visita. Y así creció toda una generación.

Cecilia —Las nuevas generaciones de cubanos han crecido con la revolución sin conocer un pasado que la revolución borró de los libros y los medios de comunicación social con excepción de algunos hechos convenientes, una vez interpretados o tergiversados. Entonces, a cuenta gotas hasta 1979-80 y a chorros desde 1994 la llave de paso migratoria y de las comunicaciones entre Cuba y los E.U.A. se volvió a abrir y comenzó una nueva etapa en la historia de los cubanos residentes en ambos lados del estrecho de la Florida.

Capítulo VII

REFLEXIONES SOBRE LA ISLA DE CORCHO

Polo —Creo que, aleatoriamente, nuestros diálogos han tocado aspectos económicos, sociales, y culturales relacionados con los tres temas que abordamos inicialmente. Vimos que los problemas de Cuba no pueden atribuirse únicamente a la violencia, la corrupción, o la desunión, aunque estos tres jinetes apocalípticos están omnipresentes a través de nuestra historia. Pero antes de seguir, repasemos lo aprendido. En primer lugar comprobamos lo crucial que ha sido la violencia en la historia de Cuba. Comienzo recordando que no hallamos pruebas de que la corrupción administrativa colonial haya sido la causa principal de la sublevación del '68. La rebelión de La Damajagua fue más contra el coloniaje y sus restricciones económicas y jurídico políticas que contra el nepotismo y las regalías de los representantes de la corona quienes, por cierto, a veces actuaban por cuenta propia como sucedió cuando Tacón rehusó las instrucciones de la Corona de celebrar elecciones. De ahí aquel dicho popular de la Cuba española que «a la Corona se le oye y se le ignora».

Yara ocurrió tras la renuencia de España, tanto durante gobiernos liberales como monárquicos de brindar a Cuba algún tipo de autonomía o reformismo jurídico y político que reconociera el sentido de cubania que brotaba desde el siglo XVIII.

En cuanto a la desunión como causa de la violencia vimos que aún las grandes diferencias entre los caciques militares mambises del 1868 y sus líderes civiles, o inclusive entre los primeros, no resultaron en enfrentamientos violentos. En todo caso, sus diferencias hicieron más difícil la conducción de la guerra contra España. La desunión entre el Estado Mayor mambí del 1895 y los líderes civiles fue aún menor y no pasó de la discusión pública y las admoniciones epistolares entre ambos. Tampoco las diferencias políticas entre los líderes criollos anexionistas, autonomistas, o independentistas del siglo XIX llegaron a un plano violento, incluyendo el apoyo o rechazo a la intervención de los E.U.A. en la guerra del 1895, tras la ausencia de Martí y Maceo. Sin embargo, durante la república, la desunión, sobretodos la intransigencia entre caciques políticos sí llevaron a la violencia como sustituto al compromiso político. Es notable que la violencia política ocurrió lo mismo contra gobiernos dictatoriales que durante gobiernos elegidos democráticamente. También, en la era republicana la corrupción, electoral así como la administrativa, fueron causas importantes de la violencia plasmada en cuartelazos, alzamientos en lomas y llanos, atentados, sabotajes, y otras formas extremas de violencia revolucionaria.

Durante las cinco décadas de la revolución de 1959, la violencia revolucionaria ha resultado en la eliminación de todos los líderes y grupos políticos que se han opuesto a una estrecha cúpula de poder sin que la corrupción haya sido eliminada de las más altas esferas de poder.

A veces la magnitud de la violencia ininterrumpida se esconde bajo un sinfín de hechos históricos de gran envergadura como lo han sido las relaciones con los E.U.A. la desaparición del bloque soviético, Playa Girón, Angola, y la crisis de los cohetes; o en el plano interno la micro fracción, la zafra, los alzados del Escambray o el período especial. Sin embargo, los estimados más conservadores, incluyendo cifras del actual gobierno cubano revelan niveles de violencia inéditos desde el triunfo de la revolución.

Desde el 1º de enero de 1959 hasta el año 2007, murieron más de 11,000 cubanos, la mayoría fusilados, ejecutados extrajudicialmente, fallecidos en prisión o en campamentos de trabajo forzado por abusos físicos o negligencia médica. Durante el mismo período murieron en combate 16,282 anti castristas y 14,953 castristas en acciones como Girón, Angola, o el Escambray, entre otras. Además de otras 220 desapariciones confirmadas, se estima que al menos 30,000 balseros cubanos han perecido en el mar tratando de huir de Cuba.

En total, más de 70,000 cubanos han muerto a causa de la violencia política o tratando de escapar de Cuba desde el inicio de la revolución de 1959. Estas cifras superan la violencia registrada durante cualquier otra época de la historia de Cuba; y no parecen tener fin.

Si bien la desunión extrema es notable en conductas como la intransigencia, esta no ha llevado a algunos líderes políticos a practicar la corrupción. Al contrario, sí hay casos notorios en que la corrupción llevó a líderes políticos a escindirse para crear sus propios grupos y partidos políticos. Eddy Chibás y algunos revolucionarios de la década de 1950 fueron un ejemplo. También parece ser que la corrupción política sin contrapesos ocurre cuando líderes políticos intransigentes ostentan el poder absoluto de la nación como es el caso actual de Cuba.

La historia de Cuba muestra el papel protagónico de la violencia política en su cultura, y su presencia en la literatura y hasta en el choteo típico de la cultura popular cubana. A su vez, la cultura política cubana refleja aspectos importantes del carácter y la idiosincrasia del cubano, a veces expresados en conductas contradictorias que dificultan su comprensión.

Me explico: ¿recuerdas nuestra conversación sobre la visión de la muerte como destino y redención patriótica, incluyendo el suicidio político? Y al mismo tiempo, la burla de la muerte y de otros temas trascendentales. También, en ocasiones nuestra herencia cultural le ha dado connotaciones religiosas al sacrificio patriótico. Por ejemplo, dicha muerte no importa, porque, como reza una estrofa de nuestro himno nacional «morir por la patria es vivir»; es decir el concepto religioso de la vida eterna. Esto lo vimos en poesías patrióticas y en muchas canciones cubanas. ¿Recuerdas la estrofa de la canción El Mambí que dice al mencionar a la patria que «ese es su lema, su religión»? Igualmente, vemos un concepto religioso de veneración en la cita de Martí «sobre el altar de la patria», y al mismo Martí se le llama el apóstol, como a los seguidores de Cristo.

En las novelas radiales de la república precastrista la gesta mambisa se narraba como una epopeya de héroes, o «Titanes de la Epopeya» como se titulaba una de ellas. Los mambises se presentaban como super hombres incapaces de errar, o transigir en sus puntos de vista, so pena de traicionar a la patria. Sin embargo, ya vimos en nuestro repaso de la historia de Cuba que el sacrificio y la entrega desinteresada de los mambises, así como su patriotismo, no requería que fuesen seres perfectos o inmaculados en su afán de forjar una patria inexistente pero que ya sentían en sus corazones y vislumbraban en sus sueños.

Cecilia —Es interesante analizar cómo la revolución aprovechó esos rasgos de nuestra herencia cultural mambisa. Es decir, dictó que al solo triunfar ella, se realizarían los ideales revolucionarios malogrados durante la intervención norteamericanas de 1898 y posteriormente conculcados por el imperialismo yanqui durante la República. Los rebeldes de la Sierra se perfilaron como líderes inmaculados que heredaban el ara del culto a la patria y representaban los más puros ideales de la nación. A su vez, el pueblo los recibió como dioses del olimpo mientras deliraba por las calles de Cuba al ritmo de consignas revolucionarias. Años después, los escolares cubanos recitarían una nueva consigna sobre un nuevo mártir de la patria, «Pioneros por el comunismo: seremos como el Che».

Polo —Creo que también debemos abundar en las tensiones, contrastes y conceptos antagónicos de nuestra cultura política, tales como el del militarismo y el civilismo. Por ejemplo, desde los mismos albores de la guerra del 1968 hubo grandes desacuerdos sobre quién debía dirigir la guerra, si los jefes militares, o el gobierno civil de la República en Armas. Años más tarde, José Martí se convierte en el abanderado de la autoridad del gobierno civil y debate con los jefes militares de 1895, aunque aceptando su liderazgo como una necesidad práctica para llevar a cabo la guerra necesaria.

A través de nuestra historia se han redactado ocho constituciones, varias reformas constitucionales y leyes fundamentales, para luego violarlas con frecuencia.

Durante la República, las fuerzas políticas defendieron públicamente el civilismo constitucionalista una y otra vez. Sin embargo fueron caudillos militares los que han gobernado a Cuba durante casi toda su historia, incluyendo los que hoy la gobiernan desde hace más de cinco décadas. Aquí cabría recordarle a los actuales líderes cubanos la frase de José Martí en su carta al General Máximo Gómez de octubre de 1884 «un pueblo no se funda, General, como se manda un campamento».

Cecilia —Papi, y ¿qué piensas sobre los conceptos del nacionalismo y la soberanía, tan esgrimidos por nuestros líderes?

Polo —Bueno mija, creo que tanto social como políticamente, los cubanos somos a veces xenofóbicos y otras veces chovinistas y tendemos a evadir un justo medio donde practicar un nacionalismo sensato que no pretenda que somos la última carta de la baraja, o en el extremo opuesto, que añoremos ser extranjeros, como desean muchos jóvenes en la Cuba de hoy.

Cecilia —Hay otro contraste relacionado con la confianza en sí mismo y el claro sentido de nuestra identidad. Es decir, el triunfo personal de muchos cubanos al fomentar una economía próspera en el Miami actual, o antes en Cuba durante la república, sugiere que el cubano triunfa en actividades que dependen de su esfuerzo individual y ofrecen una recompensa tangible. Por el contrario, la historia nos enseña que fracasamos en gestiones políticas que requieren un esfuerzo colectivo, un consenso político y una dependencia de otros compatriotas; o en proyectos económicos que no ofrecen algún tipo de recompensa material. Así pudiera explicarse los aportes individuales a la economía y sociedad de la república que incentivaba el trabajo y la iniciativa personal, así como el fracaso del sistema cubano actual centralizado, donde el trabajo es mal recompensado y se limita la iniciativa y la acumulación de riqueza. También explica, históricamente, el fracaso en lograr un consenso político estable que dé cabida a todas las fuerzas políticas del país.

En nuestra idiosincrasia política criolla culpamos al «totí» de las desgracias y fracasos nacionales. Es decir, atribuimos a otros, al «totí» en el argot cubano, la culpa de todos los problemas económicos y políticos de Cuba, ya sean las intervenciones norteamericanas, la Enmienta Platt, los golpes de estado o cuartelazos militares del patio, o el caudillismo típico de nuestros líderes políticos, civiles y militares: o la corrupción y más recientemente al embargo, o el bloqueo norteamericano, como le llama el gobierno cubano. Y no es que algunos de estos hechos no hayan afectado el desarrollo socioeconómico y político de Cuba. El problema es que al enfocarnos únicamente en ellos perdemos la oportunidad de mirarnos al espejo de la historia para conocernos mejor y tratar de entender nuestro carácter, con sus contrastes y contradicciones.

A veces, los cubanos vemos el mundo a través del prisma de nuestra insularidad criolla. Otras veces, Cuba nos queda chiquita y como hizo Fidel enviamos ejércitos a pelear al otro lado del mundo, o aconsejamos desatar la tercera guerra mundial, con armas nucleares y todo.

Nuestro patriotismo reclama la independencia total, aunque nuestra economía siempre ha dependido de otros. Anteriormente, dependió de las E.U.A. por más de medio siglo y después del bloque soviético. Cuando Cuba perdió la manutención soviética apareció la Venezuela de Hugo Chávez que se convirtió simultáneamente en madre y alumna de Cuba. Madre porque amamanta a la isla con petróleo convertible en dólares o euros. Alumna, porque Cuba es maestra y rectora de la revolución bolivariana y usa a Venezuela como trampolín para traficar de todo y obtener un ingreso de miles de millones de dólares por el arrendamiento de profesionales de la salud y asesores militares cubanos. Y hablando de dependencia; ¿qué decir de cómo el gobierno actual permite y estimula, sin rubor alguno, que los cubanos residentes en los E.U.A., a quien otrora les llamó gusanos y escoria, envíen y lleven anualmente a sus familiares en Cuba miles de millones de dólares y todo tipo de mercancías.

Polo —Me alegro, mija, que hayas tocado el tema del carácter y la idiosincrasia del cubano. Yo estoy convencido de que conocernos como pueblo, con nuestras virtudes y nuestros defectos, ayudaría a evitar en el futuro ciertos tipos de conductas que generan la violencia política, entre otros males.

Cecilia —Es cierto; pero dime papi ¿hay algo relacionado con nuestros tres temas que no hayamos tocado?

Polo —Sí. Fue uno que tratamos, aunque indirectamente. Fue la importancia de la geopolítica en las relaciones económicas, políticas y sociales entre Cuba y los E.U.A., desde el siglo dieciocho hasta 1962.

Cecilia —No, y ahora el gobierno quiere ver como las restablece; o sea, que los E.U.A. financien su revolución socialista y sus negocios, hoy controlados por las Fuerzas Armadas Revolucionarias y los nuevos oligarcas cubanos.

Polo —Y también hablamos de las políticas económicas de la revolución que han sido la causa principal del fracaso económico de Cuba. Esto saltó cuando vimos que tanto durante la Colonia como durante la República, Cuba prosperó económicamente, a pesar de la violencia, la desunión y la corrupción incesante. Pero el fracaso de la economía no se debe tan solo a la centralización. También, se nutre de un sistema socioeconómico carente de incentivos al trabajador y de esperanza al ciudadano, y de un aparato represivo que estimula la insolidaridad. Y papi, te digo socioeconómico porque, por ejemplo, muchos profesionales, incluyendo médicos, no pueden planear su futuro porque no saben a dónde los van a mandar al graduarse. Y ellos, al igual que miles de recién casados no encuentran dónde vivir y tienen que mudarse con sus familiares. Otros, al divorciarse o separarse tienen que seguir viviendo en la misma casa, a veces con una nueva pareja habitando un pequeño espacio y separados por una sábana colgada del techo o por un paraván, o tabique, incapaz de aislar los sonidos o apagar las conversaciones de ambos lados.

Cecilia —Todo eso es verdad. Pero también es cierto que a pesar del fracaso revolucionario, Cuba todavía flota y los cubanos siguen aspirando a un nivel de vida superior. Esa actitud parece estar enraizada en nuestra cultura y nuestra historia. Ya conversamos sobre la presencia de ejércitos cubanos en tres continentes, de espías y miembros exitosos del Servicio de Inteligencia en las principales capitales del mundo, incluyendo el Pentágono en Washington, o de lo cerca que estuvo nuestra isla diminuta de iniciar la Tercera Guerra Mundial en octubre de 1962. La isla ha sido sede del grupo de Países no Alineados, de la Tricontinental, de bloques económicos, de bienales artísticas y de Congresos de Juventudes. Ha presidido y participado en organismos regionales e internacionales de las Naciones Unidas. Y los países acreedores le condonan o refinancian las deudas. Políticamente, Cuba orienta las conductas políticas de varios países latinoamericanos y es referente de las ideas antiamericanas de otros que también buscan perpetuarse en el poder. En ocasiones, Cuba coordina con sus vecinos del norte y al sur, el destino de movimientos revolucionarios latinoamericanos y sirve de anfitrión y mediadora en conflictos regionales.

En Cuba se celebran a menudo festivales mundiales de música clásica y popular y de cine latinoamericano. Y ferias del libro y de arte. Y más recientemente, los peloteros cubanos están siendo contratados por equipos norteamericanos de grandes ligas por sumas multimillonarias.

A Cuba la visitaron dos Sumos Pontífices y la visitan jefes de estado de todo el mundo, asi como millones de turistas, ávidos de montarse en «Almendrones» como le llaman en Cuba a los automóviles viejos reconstruidos por mecánicos cubanos altamente ingeniosos. La revolución proclama el desarrollo de su biotecnología y arrienda miles de médicos y enfermeros a otros países. El gobierno tuvo hasta la suerte de reciclar un grupo de grandes músicos septuagenarios y octogenarios que con la orientación y el respaldo de un músico norteamericano llevaron la música cubana por todo el mundo, emulando lo ocurrido en siglos anteriores. Y qué decir de los logros individuales de ciudadanos que fabrican clandestinamente antenas parabólicas para captar la TV extranjera, adaptan equipos para acceder a la red libre y crean negocios privados millonarios que operan en la economía semisubterránea de un país que solo permite oficialmente algunos pequeños y medianos cuentapropistas y que por lo demás, prohíbe el enriquecimiento de los ciudadanos.

Además de todo esto, si tratáramos de explicar por qué es que la isla de Cuba nunca se ha hundido, a pesar de las marejadas históricas que recordamos, veríamos que una de las causas que mantiene «La Isla de Corcho» a flote es la riqueza material y cultural acumulada durante tres siglos, aprovechada y a la vez menospreciada por la Revolución desde el 1º de enero de 1959.

Como explicar, si no, que centenares de miles de personas aún tengan un techo, —con goteras, pero techo al fin— en un país donde la disponibilidad habitacional, sobre todo en las ciudades, depende más de las viviendas que dejan los que mudan a otros países que de lo que se construye o se repara. O que en Cuba existan joyas arquitectónicas como la Catedral, habanera, mansiones, casonas, edificios regionales españoles y monumentos que se exhiben al turismo: ¿Y cuántos años no duraron produciendo los centrales azucareros hasta que el abandono o los caprichos acabaron con ellos y otras industrias nacionales? Y ya vemos que Cuba fue igualmente rica en lo intelectual y lo artístico, en los deportes, en las profesiones, como la medicina, la arquitectura, la estomatología o el derecho internacional, entre otros: y que esa herencia es difícil de borrar.

Este tema debe analizarse amplia y profundamente cuando futuros historiadores se planteen cómo pudo la revolución cubana sacar provecho de un legado centenario, mientras destruia las instituciones heredadas. Y ello, a contrapelo del imperativo geopolítico que tanto propició su desarrollo.

Polo —Ahora dime Cecilia, ¿si pudieras eliminar algunos de los tres males tratados en nuestros diálogos, la violencia política, la corrupción y la desunión por cuál empezarías?

Cecilia —Creo que sería la violencia política, empezando por la violencia de Estado. Es decir, eliminar la represión o intimidación por parte del gobierno, las golpizas a los ciudadanos pacíficos, los arrestos extrajudiciales y los actos de repudio: y sobretodo, las torturas físicas y mentales. También, promover una conciencia ciudadana que no vea estos actos de violencia política como algo normal de la vida cotidiana. Y papi, no justifico ni le quito importancia al daño que nos ha hecho la corrupción y la desunión, ni mucho menos la intransigencia, que es esta última llevada al extremo. Más bien, lo digo, porque al renunciar a la violencia, el gobierno y los grupos y partidos políticos de oposición tenderían a resolver sus diferencias a través de pactos, compromisos y concertaciones que respetaran la integridad de todos los cubanos. También deduzco de nuestros diálogos que la existencia de grupos independientes de la sociedad civil amparados por la ley y respetados por el gobierno facilitaría la denuncia y procesamiento de actos de corrupción gubernamental. Esa es mi interpretación de los hechos históricos que hemos repasado. No será fácil, como se dice hoy en día en Cuba. Pero es vital si el objetivo que se busca es el pleno respecto a la dignidad de la persona humana y el bien común de todos los cubanos.

Además, creo que dicho respeto iría de la mano de mayores recompensas laborales y oportunidades económicas y resultaría en un modelo de sociedad altamente deseable donde ni siquiera la riqueza excuse la violencia política.

Papi, ¿Quién hubiera pensado que, sin habernos conocido, nos pareceríamos tanto en nuestra forma de pensar? ¿Quién hubiera adivinado que el destino nos reuniría en Topos, un islote que flota en un presente infinito colmado de recuerdos, mientras Cuba flota en un mar incierto de esperanzas futuras?

BIBLIOGRAFÍA

«A»
Aguilar León, Luis: «Subestimar a Castro Es Marchar Hacia el Desastre», (artículo publicado originalmente en Diario Las Américas de Miami), Freedom House, New York (1992).
Álvarez Díaz, José, Arredondo, A., Shelton, R.M., Vizcaíno, J.: «Cuba, Geopolítica y Pensamiento Económico», Colegio de Economistas de Cuba en el Exilio, Duplex Paper Products of Miami, Inc., Miami (1964).
Arango, D. Rafael: «Mi Pequeña Historia de Cuba», Colonial Press International, Inc., Miami (2000).
Arias, Ariel: «Por Dentro y Por Fuera», Miami (2005).

«B»
Bacardi Cape, Facundo: «Crónicas de Santiago de Cuba», Tomo III, Segunda Edición, Breogán I.G., S.A. Madrid (1973).
Balboa Navarro, Imilcy: «La Protesta Rural en Cuba, Resistencia Cotidiana, Bandolerismo y Revolución» (1878-1902), «Consejo Superior de Investigaciones Científicas», Madrid (2003).
Batista, Fulgencio Rubén: «La Revolución del 4 de Septiembre de 1933, Síntesis de su proceso histórico (1933-1944)», Hilcraft Printing & Engraving, Miami (2003).
Brown, Charles J and Lago, Armando M.: «The Politics of Psychiatry in Revolutionary Cuba», Freedom House, New York (1991)
Bueno, Salvador: «Costumbristas Cubanos del Siglo XIX», Biblioteca Ayacucho, Bodoni S.A. Barcelona (1985).

«C»
Cabrera Infante, Guillermo: «Así en la Paz Como en la Guerra», Editorial Seix Barral S.A. Barcelona (1971).
Cabrera Infante, Guillermo: «Vista del Amanecer en el Trópico», Ediciones Universal, Miami, FL (1994).
Carbonell Cortina, Néstor: «La Oratoria en Cuba; Cortina, Tribuno de La Republica», Ramallo Bros. Printing Inc., Puerto Rico (1990).

Carpentier, Alejo: «El Reino de Este Mundo», Editorial Seix Barral S.A. Barcelona (1967).
Carpentier, Alejo: «La Música en Cuba, Fondo de Cultura Económica», México (1970).
Carpentier, Alejo: «Los Pasos Perdidos», Barral Editores, Barcelona (1971).
Carrillo, Justo: «Cuba 1933, Estudiantes, Yanquis y Soldados», Instituto de Estudios Interamericanos, University of Miami (1985).
Castellanos, Jorge: «Encuentro en 1898; Tres Pueblos y Cuatro Hombres», Ediciones Universal, Miami (2006).
Clayton Hollenkamp, Charles: «A Marriage of Convenience: Batista and the Communists, 1933-1944", Master of Arts Thesis, University of South Florida (2006).
Magazine Columbia: «Can Supersymmetry Explain the Universe?», Columbia University, New York (Summer 2013).
Córdova, Efrén (Editor), «40 Años de Revolución; El Legado deCastro», Ediciones Universal, Miami (1999).

«D»

De La Cuesta, Leonel-Antonio y Alum Linera, Rolando Armando: «Constituciones Cubanas», Ediciones Exilio, Madrid (1974).
De Moya, Pedro: «Santiago de Cuba, Historia y Folklore», Editorial Arenas (1993).
De Zendeguí, Guillermo: «Las Primeras Ciudades Cubanas y Sus Antecedentes Urbanísticos», Cuban National Heritage & Ediciones Universal, Miami (1997).
Del Rio, Ángel y Amelia A.: «Antología General de la Literatura Española», Holt, Rinehart and Winston, New York (1960).
Díaz Ayala, Cristóbal: «Música Cubana, Del Areyto a la Nueva Trova», Segunda Edición, Editorial Cubanacan, San Juan, Puerto Rico (1981).
Díaz, Nicanor: «Cuba: Tipos Populares Útiles y Otros Tipos, Monografía» Miami (1988).
Draper, Theodore: «La Revolución de Castro, Mitos y Realidades», Segunda Edición, Congreso Por La Libertad de la Cultura, México (1962).

«E»

Espinosa Carballo, Rolando: «Símbolos, Fechas y Biografías», Tercera Edición, Editorial AIP, Miami (1969).

Estenger, Rafael: «Sincera Historia de Cuba (1492-1973)», Editorial Bedout, S.A. Medellín (1974).
«Exilio: Revista de Humanidades», Primavera-Verano 1968, Hispanic Printing Corporation, New York City (1968)
El Caso Padilla: Literatura y Revolución en Cuba. Documentos, editora, Lourdes Casal, Ediciones Nueva Atlántida, NY, NY (1972)

«F»
Fermoselle, R.: «Política y Color en Cuba; La Guerrita de 1912", Editorial Colibrí (1998).
Fernández Ferrer, Antonio: «La Isla Infinita de Fernando Ortiz», Graficas Olmedilla, S.L. Alicante (1998).
Fernández León, Julio: «José Antonio Echeverría, Vigencia y Presencia», Ediciones Universal, Miami, FL (2007).
Fernández Soneira, Teresa: «Mujeres de la Patria», Ediciones Universal, Miami, FL (2014).
Ferrara, Orestes: «Mis Relaciones con Máximo Gómez», Miami (1987)
Ferrer, Horacio: «Con el Rifle al Hombro», Imprenta — El Siglo XX, La Habana (1950).
Friedman, Marcia: «Cuba, The Special Period», Samuel Books Publisher, Madison, WI (1998).

«G»
Gómez, Máximo: «Francisco Gómez Toro; Recuerdos Dedicados a la Familia y A Sus Amigos» Imprenta De La Republica, La Habana (1899).
Guevara, Che: «Reminiscences of the Cuban Revolutionary War», Monthly Review Press Inc., New York (1968)

«H/I/J»
Humboldt, El Barón A; «Ensayo Político Sobre La Isla de Cuba», Mnemosyne Publishing Inc., Miami (1969)

«K»
Kean, Christopher: «Diez Dias En Cuba», Freedom House, New York (1992).

«L»
La Seguridad Social en Cuba: Ediciones F.O.R.D.C., Miami (1965).

Llanes, Llilian: «The Houses of Old Cuba», Thames & Hudson, New York (1999).
Los Pueblos Más Bellos de Cuba, Agualarga Editores, S.L. Madrid (1997).

«M/N/O»

Mañach, Jorge: «La Crisis de la Alta Cultura En Cuba: Indagación del Choteo», Reedición 1991, Ediciones Universal, Miami (1991).
Marrero, Levi: «Geografía de Cuba», Humacao, Puerto Rico (1966).
Maso, Calixto C.: «Historia de Cuba», Ediciones Universal, Miami, (Tercera Edición Aumentada, 1998).
Matos, Hubert: «Como Llego La Noche», Tusquets Editores S.A. Barcelona (2002).
Menocal y Cueto, Raimundo: «Origen y Desarrollo del Pensamiento Cubano», Volumen II, Editorial Lex, La Habana (1947).
Mesa Lago, Carmelo: «The Cuban Economy Today: Salvation or Damnation?», Institute for Cuban and Cuban-American Studies, University of Miami, Miami (2005).
Mesa Lago, Carmelo: «Growing Economic and Social Disparities in Cuba», Ibid.
Mestre, José Antonio: «The Cuba Castro-Communism Destroyed, Monography, Miami (1961).
Montaner, Carlos Alberto: «Informe Secreto Sobre La Revolución Cuba.-na», Ediciones SEDMAY, S.A. Madrid (1976).
Morales, A. Alfredo, F.S.C.: «La Música Cubana», Instituto Pastoral del Sureste, Miami (1981).
Ortiz, Fernando: «Contrapunteo Cubano del Tabaco y El Azúcar», Editorial Ariel Barcelona (1973).

«P»

Padrón Larrazábal, Roberto: «Manifiestos de Cuba», Universidad de Sevilla (1975).
Perez-Stable, Marifeli: «The Cuban Revolution, Origins, Course, and Legacy», Oxford University Press, New York/Oxford (1993).
Piñeyro, Enrique: «Morales Lemus y La Revolución de Cuba», Unión de Cubanos en el Exilio, New York (1970).
Proclama de la Agrupación Revolucionaria de Cuba, Campamento Militar de Columbia, 4 de Septiembre de 1933, Hilcraft Printing & Engraving, Miami (S.F.).

«Q»

Quintana Diaz, Julio: «Cuba Anécdotas de Nuestro Patrimonio Histórico», Rodes Printing, Miami (2007).

«R»

República de Cuba: Homenaje al Periódico «El Mundo», Cámara de Representantes, Presidencia, Editorial Lex, La Habana (1951).
Revista Carta de Cuba: 500 años de Lucha Por La Libertad; Número Extraordinario, Primavera del 2000, Ramallo Bros. Printing, San Juan, Puerto Rico.
Revista Cubana: Año 1, Enero-Junio 1968, Num. 1, New York.
Revista Herencia: Vol. 7-20; 2001-2014, Coral Gables, FL.
Revista Hispano Cubana; No.1, Primavera 1998, Madrid (Mayo-Julio 1998).
Rodríguez Morejón, A.G.: «Raíces De La Republica De Cuba», Editorial Omega, Inc., Miami, FL (1964).
Ros, Enrique: La UMAP: El Gulag Castrista, Colección Cuba y Sus Jueces, Ediciones Universal, Miami, FL (2004).
Ros, Enrique; Vicente Garcia: El Incomprendido Mayor General Cubano, Ediciones Universal, Miami, FL (2011).

«S»

Santa Cruz, Mercedes, Condesa de Merlín: La Habana (Traducción de Amalia E. Bacardí), Madrid (1981).
Secades, Eladio: «Las Mejores Estampas de Secades», Medina Hermanos, S.A. México, D.F. (1969).
Suchlicki, Jaime: «Historical Dictionary of Cuba», The Scarecrow Press Inc. Metuchen, New Jersey & London (1988).
Sánchez, Yoani: Havana Real (Traducción al inglés M. J. Porter), Melville House Publishing, Brooklyn, NY (2011).

«T/U»

Thomas, Hugh: «Cuba: La Lucha Por La Libertad»; 1, 2, 3, Ediciones Grijalbo, S.A. Barcelona-México, D.F. (1973-1974).

«V/W/X/Y/Z»

Valdés Galarraga, Ramiro: «Diccionario del Pensamiento Martiano», Editorial de Ciencias Sociales, La Habana (2002).
Varona, Alberto J.: «José Martí, Discursos, Documentos, y Cartas», Vol. I, San Lázaro Graphics Corp., Miami (1992).

Vitier, Medardo: «La Filosofía En Cuba», Colección Tierra Firme, Fondo de Cultura Económica, México-Buenos Aires (1948).
Vitier, Medardo: «Las Ideas en Cuba», Editorial Trópico, La Habana (1938).

Otros libros publicados en la
COLECCIÓN FÉLIX VARELA
(Obras de pensamiento cristiano y cubano)

1) 815-2   MEMORIAS DE JESÚS DE NAZARET, José Paulos
2) 833-0   CUBA: HISTORIA DE LA EDUCACIÓN CATÓLICA 1582-1961 (2 vols.), Teresa Fernández Soneira
3) 842-X   EL HABANERO, Félix Varela (con un estudio de José M. Hernández e introducción por Mons. Agustín Román)
4) 867-5   MENSAJERO DE LA PAZ Y LA ESPERANZA (Visita de Su Santidad Juan Pablo II a Cuba). Con homilías de S.E. Jaime Cardenal Ortega y Alamino, D.D.
5) 871-3   LA SONRISA DISIDENTE (Itinerario de una conversión), Dora Amador
6) 885-3   MI CRUZ LLENA DE ROSAS (Cartas a Sandra, mi hija enferma), Xiomara J. Pagés
7) 888-8   UNA PIZCA DE SAL I, Xiomara J. Pagés
8) 892-6   SECTAS, CULTOS Y SINCRETISMOS, Juan J. Sosa
9) 897-7   LA NACIÓN CUBANA: ESENCIA Y EXISTENCIA, Instituto Jacques Maritain de Cuba
10) 903-5   UNA PIZCA DE SAL II, Xiomara J. Pagés
11) 921-3   FRASES DE SABIDURÍA (Ideario), Félix Varela (Edición de Rafael B. Abislaimán)
12) 924-8   LA MUJER CUBANA: HISTORIA E INFRAHISTORIA, Instituto Jacques Maritain de Cuba
13) 941-8   EL SANTERO CUBANO. Religiones Afrocubanas y Fe Cristiana, P. Raúl Fernández Dago
14) 948-5   GOTITAS DE FE, Xiomara J. Pagés
15) 956-7   FÉLIX VARELA PARA TODOS / FÉLIX VARELA FOR ALL (1788-1853). LA PERSONA, SU MUNDO Y SU LEGADO / THE PERSON, IIIS WORLD AND HIS LEGACY, Rafael B. Abislaimán
16) 981-7   CON LA ESTRELLA Y LA CRUZ — HISTORIA DE LA FEDERACIÓN DE LAS JUVENTUDES DE ACCIÓN CATÓLICA CUBANA (2 vols.), Teresa Fernández Soneira
17) 985-X   HISTORIA DE LA IGLESIA CATÓLICA EN CUBA (2 vols.), Monseñor Ramón Suárez Polcari
18) 998-1   EL PROYECTO VARELA, Alberto Muller
19) 334-7   EL DESAFÍO DE LA SÁBANA SANTA, Instituto de Solidaridad Cristiana
20) 8-002-2   APUNTES DE ESPIRITUALIDAD IGNACIANA (De algunas conferencias, meditaciones y pláticas de Ejercicios Espirituales), Federico Arvesú, S.J, M.D.
21) 8-010-3   EPISCOPOLOGIO CUBANO II. MIGUEL RAMÍREZ DE SALAMANCA, SEGUNDO OBISPO DE CUBA 1527-1534, P. Reynerio Lebroc Martínez

22) 8-017-0   LA REAL Y PONTIFICIA UNIVERSIDAD DE SAN GERÓNIMO DE LA HABANA: FRAGUA DE LA NACIÓN CUBANA, Salvador Larrúa Guedes
23) 8-032-4   IGLESIA CATÓLICA Y NACIONALIDAD CUBANA (Memorias de los cuatro Encuentros Nacionales de Historia convocados por la Comisión Nacional de Pastoral de Cultura de la Conferencia de Obispos Católicos de Cuba, celebrados en la ciudad de Camagüey, Cuba). Editor Joaquín Estrada Montalván.
24) 8-033-2   CUBA: LIBERTAD Y RESPONSABILIDAD, DESAFÍOS Y PROYECTOS, Dagoberto Valdés-Hernández (Edición de Gerardo E. Martínez-Solanas)
25) 8-040-5   FÉLIX VARELA: PORTA-ANTORCHA DE CUBA, Josephn y Helen M. McCadden. Edición de Amalia V. de la Torre. Traducción de Ignacio R. M. Galbis
26) 8-041-3   UNA FE QUE ABRE CAMINOS, Araceli Cantero-Guibert
27) 8-048-0   EN LA BÚSQUEDA DE LA FELICIDAD, Ernesto Fernández-Travieso, S.J.
28) 8-075-8   FÉLIX VARELA: PROFUNDIDAD MANIFIESTA I Primeros Años de la Vida del Padre Félix Varela Morales: Infancia, adolescencia, Juventud. (1788-1821), P. Fidel Rodríguez
29) 8-080-4   SÍGUEME. EJERCICIOS ESPIRITUALES PREDICADOS, Padre Amando Llorente, S.J.
30) 8-091-X   EN LA BÚSQUEDA DE LA FELICIDAD, P. Ernesto Fernández-Travieso, S.J. Segunda edición corregida y ampliada.
31) 8-095-2   MISCELÁNEA CUBANA, Instituto Jacques Maritain de Cuba
32) 8-097-9   ACU. 75 ANIVERSARIO A.M.D.G., Salvador E. Subirá Historia de la Agrupación Católica Universitaria
33) 8-104-5   PARA NO SER UN RINOCERONTE MÁS, Ernesto Fernández Travieso, S.J.
34) 8-120-7   PEREGRINANDO A SAN AGUSTÍN. AL ENCUENTRO DEL PADRE FÉLIX VARELA, Rafael B. Abislaimán
35) 8-128-3   DISCOVER YOUR CHARACTER, Marcelino García, S.J.
36) 8-130-4   EL ISLAM VISTO POR UN CRISTIANO, Efrén Córdova
37) 8-139-9   NIÑOS QUE TRIUNFAN / LEADING CHILDREN TO SUCCES. CENTRO MATER. Su historia y sus colaboradores, Teresa Fernández Soneira (Edición bilingüe: español-inglés).
38) 8-150-9   EPISCOPOLOGIO CUBANO III: DIEGO DE SARMENTO, TERCER OBISPO DE CUBA, 1535-1547, P. Reynerio Lebroc Martínez (LCCC#   ) / ISBN-13: 978-1-59388-150-4

39) 8-155-9 MÁRTIR DE GUAJAIBÓN. HOMENAJE A JULIÁN MARTÍNEZ INCLÁN / MARTYR OF GUAJAIBÓN. TRIBUTE TO JULIÁN MARTÍNEZ INCLÁN, José M. González-Llorente (Ed.). Edición bilingüe español e inglés. Traducción al inglés de Modesto Alonso.
40) 8-159-2 IN THE PURSUIT OF HAPPINESS, P. Ernesto Fernández-Travieso, S.J.
41) 8-185-1 LA PSICOLOGÍA DEL BIENESTAR, Jorge Salazar-Carrillo
42) 8-215-1 HISTORIA DE LA VIRGEN DE LA CARIDAD, Salvador Larrúa Guedes
43) 8-220-3 PADRE PANCHITO ORTIZ. SACERDOTE Y MÉDICO, P. Raúl Rodríguez-Dago (Ed.)
44) 8-226-2 JUANÍN. JUAN PEREIRA VARELA, Cecilia La Villa (Ed.)
45) 8-238-6 ACUERDOS, DESACUERDOS Y RECUERDOS, José Ignacio Rasco
46) 8-242-4 UNA PALABRA MÁS FUERTE. LOS ESCRITOS DE MONSEÑOR AGUSTÍN ROMÁN, Julio Estorino (Ed.)
47) 8-270-x ANTE EL AUTO DE FE DE PEDRO BERRUGUETE, Juan de Isasa
48) 8-278-5 TOPOS Y CUBA, LA ISLA DE CORCHO: DIÁLOGOS ENTRE CUBANOS, Guarioné M. Díaz
52) 8-258-0 MONSEÑOR AGUSTÍN ROMÁN, GUÍA ESPIRITUAL DE LOS CUBANOS, Salvador Larrúa Guedes
53) 8-264-5 MY LASTING MEMORIES, Henry Pujol

www.ingramcontent.com/pod-product-compliance
Lightning Source LLC
Chambersburg PA
CBHW052022070526
44584CB00016B/1855